AF337398

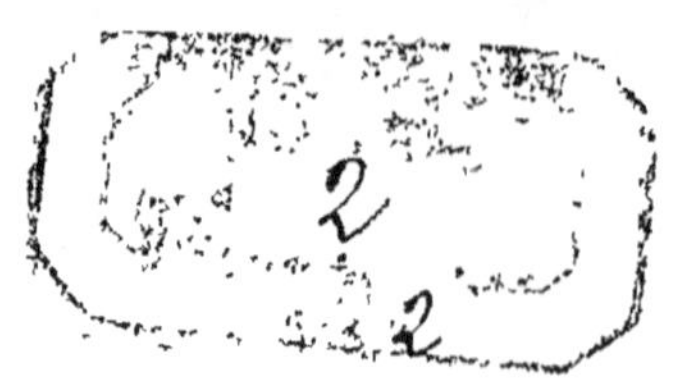

LA
RÉPUBLIQUE

DE L'AVENIR

PAR

PIERRE DENKER

Auteur de La République du Présent

> « Le seul état logiquement et légitimement
> » constitué, est celui où l'individu étant gou-
> » verne le moins possible, se gouverne le plus
> » possible par lui-même, en d'autres termes,
> » l'État républicain fédératif. »
>
> Emile Acollas.

> » L'Individu libre dans la commune libre,
> dans la province ou le département libre,
> » dans l'État libre. »

Prix : 1 Fr. 50 c.

PARIS	BORDEAUX
—	
DENTU, Libraire-Éditeur	FÉRET et fils, lib-éditeurs
Galerie d'Orléans 17-19,	15, Cours de l'Intendance, 15
PALAIS-ROYAL	—

LA
—
1872

LA

RÉPUBLIQUE

DE L'AVENIR

PAR

PIERRE DENKER

Auteur de LA RÉPUBLIQUE DU PRÉSENT

« Le seul état logiquement et légitimement
» constitué, est celui où l'individu étant gou-
» verné le moins possible, se gouverne le plus
» possible par lui-même, en d'autres termes,
» l'État républicain fédératif. »

Emile ACOLLAS.

» L'Individu libre dans la commune libre,
» dans la province ou le département libre
» dans l'État libre. »

PRIX : 1 FR. 50 C.

PARIS	BORDEAUX
PENTU, LIBRAIRE-ÉDITEUR	FÉRET ET FILS, lib-éditeurs
Galerie d'Orléans 17-19,	15, Cours de l'Intendance, 15
PALAIS-ROYAL	

1872

PRÉFACE

Il y a quelques mois, nous essayions d'exposer au lecteur nos vues sur la nature des réformes compatibles avec le milieu social actuel et d'esquisser un programme de la République du Présent. Pour nous, cette république se résumait surtout dans l'abolition du principe monarchique héréditaire et dans l'inaliénabilité de la souveraineté individuelle. Il semble, en effet, que ce soit là l'essence propre de la République, tant qu'on s'en tient à la forme du gouvernement ; mais depuis, la raison et l'expérience historique nous ont enseigné qu'il ne suffit pas de ne point prescrire ni aliéner la souveraineté de l'individu, qu'il faut encore en garantir l'exercice effectif dans tous les groupes où l'individu exerce son activité. De l'indépendance de l'individu dans l'État, nous avons abouti, par une évolution toute naturelle, à l'indépendance de l'individu dans le département, le canton, la commune, et notre République du présent unitaire et centralisatrice s'est transformée en une République de l'avenir fédérative et décentralisée. Nous croyons qu'il en arrivera de même à tous les esprits qui laisseront de côté les questions de forme, d'étiquette gouvernementale, pour aborder le fonds des institutions, l'organisation intime de la société politique.

Est-ce à dire que nous prétendions réaliser *ex abrupto* et en un seul bloc la République de l'avenir ? Peut-être : si nous ne savions combien la grande loi de la concordance du milieu avec les idées et les faits, combien l'axiome universel : « *natura non facit saltus,* » s'applique à la science politique et sociale plus encore qu'à toute autre science. Mais autre chose est brusquer l'avènement d'une idée ou bien appeler l'attention sur les conséquences probables de cette idée, sur ce qui ne peut exister encore, mais pourra et devra se réaliser à une échéance plus ou moins éloignée. On n'agit efficacement sur le présent que dans la mesure où l'on prévoit et détermine l'avenir : aussi cette étude ne s'adresse-t-elle pas moins aux théoriciens qu'aux hommes d'État et aux praticiens politiques. Nous espérons qu'on y verra surtout un plaidoyer convaincu en faveur des maximes du libéralisme et du *self government,* de ce principe qui doit servir de base à toute organisation rationelle de l'État républicain : la première autonomie à créer est celle de l'individu comme membre de la famille, de l'atelier et de la cité.

LA
RÉPUBLIQUE DE L'AVENIR

I

De l'idée de gouvernement. — Déduction logique de l'État fédératif.

Malgré les progrès réalisés par la science politique depuis le siècle dernier, malgré les découvertes des philosophes sur les lois qui régissent le développement naturel des sociétés, il est une idée encore peu comprise, peu analysée dans son principe même, je veux parler de l'idée fédérative. Jusqu'ici, les penseurs qui n'admettent pas avec l'école purement empirique que tous les systèmes politiques se valent et que la science doit s'interdire toute spéculation sur la meilleure forme de gouvernement, reconnaissaient l'existence d'une forme de gouvernement seule corrélative au Droit et à la Liberté. Cette forme était celle qui garantissait dans le sens plus large l'indépendance de la personne, qui respectait dans son universalité le droit de l'individu à la libre disposition de soi-même, et n'enchaînait point la volonté des générations futures, en d'autres termes, la forme républicaine.

Mais là se bornent généralement les affirmations des penseurs. Il ne vont pas jusqu'à approfondir la nature de cette République, jusqu'à rechercher si elle doit se constituer en un pouvoir fortement centralisé ou se réduire à l'expression des rapports fédéraux des différents groupes qui forment la nation; à un pacte de garantie mutuelle par lequel les individus ou les groupes s'assurent le maintien de leurs franchises individuelles et collectives. En termes plus explicites, la République doit-elle être unitaire ou fédérative, centralisatrice ou décentralisatrice, autoritaire ou libérale? car ces différents termes s'impliquent l'un l'autre, et une République unitaire n'aura guère moins de peine à se montrer franchement libérale qu'une République fédérative à produire l'autocratie.

Il importe donc de déterminer, par la déduction logique des idées, laquelle de ces deux Républiques satisfait le mieux les exigences de la raison et correspond le plus étroitement aux fins de l'organisation sociale. On conçoit, en effet, les divergences, non pas seulement de forme mais de fonds qui séparent deux sociétés dont l'une subit des lois étrangères qu'elle n'a point consenties et débattues librement, dont l'autre au contraire ne reconnaît que des conventions réciproques, que des contrats obligeant les uns envers les autres, tous les membres du corps social, et ne tolère que la somme d'autorité nécessaire au respect de ces contrats réciproques, au développement des libertés de chacun et de tous. Dans le premier cas, le gouvernement se constitue extérieurement à la société, et, par suite en opposition, en antagonisme plus ou moins direct avec elle ; dans le second, il n'est que l'émanation immédiate des individus, et loin que la société soit faite pour le gouvernement, c'est au contraire le gouvernement qui se subordonne à la société, qui la suit dans ses manifestations, dans ses évolutions progressives, se transforme comme elle, et tend à s'éliminer à mesure qu'elle éprouve un moindre besoin de ses services.

Or, si nous analysons l'idée de gouvernement, si nous en parcourons la série, la filiation logique, nous constatons que le principe d'autorité tend à disparaître devant le principe de liberté, et que ces deux principes, perpétuellement en lutte doivent se réunir en une synthèse finale, où la liberté absorbe l'autorité. Au début des sociétés, l'autorité domine, les individus incapables de se gouverner eux-mêmes, n'ayant qu'une conscience obscure de leurs droits et de leurs devoirs, confient à un pouvoir extérieur la tâche de réprimer les conflits individuels et de restreindre les revendications violentes de l'état de guerre. C'est le gouvernement de tous par un seul ou par plusieurs ; le régne des monarchies et des oligarchies.

Ce système politique exclut toute idée de contrat, de convention réciproque entre les gouvernants et les gouvernés : d'une part, le gouvernement est investi d'une autorité infaillible, omnipotente, omniprésente ; incarnation vivante de la société, il concentre dans son sein toutes les libert's individuelles, toutes les autonomies locales. Il ne prend aucun engagement vis à-vis du corps politique qui reste la matière sujette, imposable, gouvernable à merci, et promet de respecter l'hérédité du pouvoir social en préjugeant la volonté des générations futures. Le progrès de la politique consiste à remplacer cette ère de la force et de l'arbitraire par l'ère des contrats. Évolution qui comprend elle-même deux phases principales : l'ère des constitutions et des conventions. Dans le système constitutionnel, c'est le pouvoir central qui octroye certaines franchises aux individus, qui consent à se dessaisir de certaines prérogatives en faveur de la nation ; c'est l'autorité qui cède le pas à la liberté.

En vérité, il n'y a encore là qu'une concession gracieuse de la part du souverain de fait qui n'implique pas la reconnaissance explicite du souverain de droit ; mais nous constatons déjà l'avénement des contrats, puisque de son côté le monarque s'engage à maintenir les franchises stipulées dans la Charte, et qu'en retour, la nation jure fidélité au roi et à la Constitution. Toutefois, le droit constitutionnel ne constitue qu'un moment provisoire de l'idée gouvernementale ; dans un délai plus ou moins éloigné, après une série de transactions plus ou moins empiriques, il doit faire place au droit conventionnel ou contractuel, c'est-à-dire au système politique qui consacre le gouvernement de chacun par tous, et en dernière analyse, de chacun par soi-même.

Ici nous avons atteint le terme de l'évolution ; le principe d'autorité s'est pr gressivement évanoui et confondu dans celui de liberté, et par suite, la science politique dans une nouvelle science plus large, plus compréhensive, celle de la morale.

En effet, la politique a pour unique fin de réaliser l'équilibre, l'harmonie, la synthèse entre la liberté et l'autorité ; tous les gouvernements de fait n'ont d'autre raison d'être, soit qu'ils accordent une plus grande part au principe d'autorité comme la monarchie absolue ou constitutionnelle, soit qu'ils consacrent la prépondérance du principe de liberté et le règne de la démocratie. Or, dès que le principe d'autorité a disparu, dès que l'autonomie morale de l'individu a remplacé la contrainte d'un pouvoir extérieur, il n'y a plus matière à gouvernement, et la politique perd toute signification. Que faire d'un gourvernement quand les individus savent se gouverner eux-mêmes et apprécier la limite de leurs droits dans toutes les transactions sociales, quand ce ne sont plus des forces aveugles et inconscientes qu'il faut diriger et pondérer par un ensemble de rouages mécaniques, mais des volontés libres et émancipées qui tendent fatalement à l'équilibre en vertu de leur intelligence parfaite du Bien et du Juste ?

Le *self-government*, dans l'acception absolue du mot, implique donc l'anarchie, c'est-à-dire l'absence de tout gouvernement autre que celui des individus par eux-mêmes ; mais c'est là bien entendu un idéal, dont on ne saurait espérer qu'une approximation plus ou moins complète dans les sociétés de fait. Toutefois, la politique, comme toutes les sciences, tendant à une fin par certains moyens, ne doit pas dédaigner l'idéal, mais s'en servir comme d'un étalon, comme d'un *criterium* qui lui permet d'apprécier la valeur et la moralité relatives des gouvernements de fait.

Puisque l'idée rationnelle de gouvernement conduit à la négation même de cette idée, le meilleur gouvernement de fait sera celui qui réalisera l'autonomie la plus large, l'indépendance la plus absolue de l'individu, celui ou l'individu étant le moins gouverné se gouvernera le plus lui-même, ou le développement progressif de la liberté restreindra sans cesse la sphère de l'autorité.

Le gouvernement de chacun par soi-même, terme définitif de l'évolution démocratique et libérale, devenant une impossibilité dans les sociétés actuelles, il faut s'en tenir au système politique qui s'éloigne le moins de cet idéal c'est à dire au gouvernement de tous par chacun et de chacun par tous. Le contrat de réciprocité, de garantie mutuelle, telle est la condition nécessaire et suffisante d'une société fondée sur l'idée de Justice et de Droit, tandis qu'une société établie sur la force répudie toute convention juridique entre ses membres et que les sociétés communautaires fondées sur l'esprit de charité, de dévouement, de fraternité, entraînent le sacrifice de la partie au tout et l'absorption de l'individu dans la masse.

L'idée du droit appliquée à l'économie générale des sociétés implique nécessairement le principe des contrats par lesquels les individus s'engagent les uns envers les autres et se garantissent certains avantages, certains services. Ainsi, le Contrat social n'est pas seulement l'accord du citoyen avec le gouvernement, mais l'accord de l'homme avec l'homme, duquel doit résulter ce que nous appelons la société. On aurait tort de considérer le Contrat social comme une abstraction, une fiction chimérique n'ayant de réalité que dans le cerveau des philosophes. A l'origine, le Contrat social revêt bien ce caractère fictif, puisque les sociétés reposent uniquement sur la force ou l'autorité, qui, comme nous l'avons vu plus haut, contredit l'idée de contrat, d'entente pacifique et légale entre les citoyens ; mais, à mesure que les sociétés s'éloignent de l'état de nature, il tend à devenir la réalité, l'actualité même, c'est-à-dire l'ensemble de toutes les conventions, de tous les engagements positifs auxquels donnent lieu les actes toujours plus multiples de la vie économique et sociale.

Rousseau était donc dans le vrai en associant l'idée de société à celle de contrat : son erreur consistait uniquement à la placer au début des sociétés et à ne pas voir que le progrès de la science sociale se propose précisément de transformer l'origine antijuridique de l'humanité et de remplacer le droit de la force par celui de la raison. La formule de Rousseau : « Trouver une forme d'association qui » défende et protége de toute la force commune la per- » sonne et les biens de chaque associé et par laquelle cha- » cun s'unissant à tous, n'obéisse qu'à lui-même et reste » aussi libre qu'auparavant, » définit bien le contrat social en ce qui regarde les personnes et les biens, mais cette formule n'est pas assez compréhensive, assez universelle, en ce sens qu'elle laisse en dehors du pacte bien des rapports de la vie sociale qui peuvent donner lieu à des contrats, puisqu'ils concernent les droits réciproques des individus associés, par exemple : les questions d'éducation, d'impôt, d'échange, de vente, de louage et de prestation de travail.

Or, le contrat social, pour justifier son titre, ne doit pas seulement comprendre l'universalité des citoyens, mais l'intégralité des relations économiques et sociales. De plus il ne suffit pas que chaque associé n'obéisse qu'à lui-même et reste aussi libre qu'auparavant. Le contrat doit lui assurer une augmentation de bien-être et de liberté, car il implique contradiction que l'homme s'associe avec ses semblables, si ce n'est pour y trouver un surcroît d'indépendance, un ensemble de garanties incompatibles avec l'état de nature et d'isolement.

Une loi analogue régit l'association politique et l'association économique ; l'une et l'autre ne sont point une fin mais un moyen de favoriser le développement des facultés individuelles. De même que l'association économique se propose de neutraliser les excès de la division du travail et d'augmenter la production par le concours des divers groupes producteurs, de même, l'association politique tend à conjurer les périls de l'état de nature par un pacte d'assurance mutuelle entre les membres du corps social ; mais, dans les deux cas, l'association ne remplit son but que si l'individu associé conserve son indépendance en jouissant des avantages de la communauté et retire de l'union volontaire avec ses semblables une plus grande somme de liberté et de bien-être.

La seule définition exacte et rationnelle du contrat social a été formulée en ces termes par Guillaume de Humboldt : « Le but essentiel de l'organisation sociale est le développement le plus vaste et le plus harmonique des facultés individuelles. » Développement harmonique des libertés ou garantie réciproque des droits de chacun par les droits de tous qui se résume dans la formule à la fois négative et positive de la justice commutative : « Ne faites pas à autrui ce que vous ne voudriez pas qu'on vous fît. Faites à autrui ce que vous voudriez qu'on vous fît. »

Et bien, le contrat politique qui règle les relations du citoyen avec le gouvernement, de l'individu avec l'État dans les divers groupes où il exerce son autorité, doit présenter des caractères analogues à ceux du contrat social : il doit être d'abord synallagmatique c'est à-dire engager tous les citoyens les uns envers les autres, puis commutatif, c'est-à-dire conserver à l'individu entrant dans l'association toute sa souveraineté, excepté la part relative à l'objet spécial pour lequel le contrat est formé et dont le citoyen demande la garantie au Gouvernement.

Or, ce ne sont point les gouvernements unitaires et centralisateurs, de quelque nom qu'on les appelle, monarchie absolue ou constitutionnelle, césarisme ou république, qui peuvent remplir ces conditions. Dans ces gouvernements, le contrat qui lie l'individu à l'État n'est pas toujours synallagmatique, puisqu'il admet des catégories distinctes de citoyens qui ne contractent aucune obligation réciproque vis-à-vis de leurs coassociés, dans le système censitaire par exemple. En outre, il n'est jamais commutatif, puisque, par la constitution même du pouvoir, le citoyen aliène toujours une part considérable de sa souveraineté et abandonne à la communauté plus d'avantages qu'il n'en retire.

Il n'y a donc qu'une forme de gouvernement identique, adéquate au principe du contrat synallagmatique et commutatif, c'est l'État républicain fédératif.

Qu'entend-t-on en effet par fédération, sinon un traité, une convention d'alliance entre différents groupes d'une même société qui se garantissent par un pacte d'assurances mutuelles la jouissance de leurs prérogatives d'homme et de citoyen? Ce pacte peut exister à des degrés infinis suivant la nature des relations politiques qu'il délimite; il relie le citoyen à la commune, la commune au département, le département à l'État, et chacun de ces groupes divers entre eux. Ici, le contrat est bien synallagmatique et commutatif, il oblige les uns envers les autres tous les membres de la commune, de la province ou de l'État, et de plus, la condition essentielle du traité consiste en un accroissement de bien-être et de liberté pour chacune des parties contractantes.

Dans ce système, la liberté seule fait loi et tous les groupes jouissent de leur autonomie respective; la part minime de liberté qu'ils sacrifient n'a pour but que de constituer la somme d'autorité requise pour la sauvegarde des libertés, des souverainetés particulières, en sorte que cette restriction apparente, que ce sacrifice devient, en fait, une extension de garantie pour la liberté individuelle et collective des citoyens. Ici l'augmentation de protection se trouve partout, et le danger de l'oppression nulle part, puisque les groupes de citoyens, de communes ou de provinces sont protégés non-seulement contre les attaques de leurs voisins mais contre leur propre pouvoir, puisque, s'il plaisait à une minorité de violer les droits de la majorité, celle-ci pourrait, en vertu du pacte d'alliance, invoquer l'aide fraternelle de ses confédérés.

Tandis que la centralisation unitaire arme sans cesse le pouvoir central de la force du tout contre la partie, et devient ainsi une menace permanente pour les droits individuels ; la centralisation fédérale arme la partie de la force du tout contre les abus de sa propre puissance. Dans le système unitaire, la centralisation est universelle et s'étend à toutes les divisions politiques et administratives ; dans le système fédératif, la centralisation est partielle et ne s'étend qu'à certains objets spéciaux, car, le contrat de fédération étant limité de sa nature et abandonnant la plus grande somme possible de liberté et d'initiative aux individus, l'autorité fédérale chargée de faire respecter le contrat ne peut exercer que des attributions restreintes.

Il impliquerait contradiction que le tout l'emportât sur ses parties constituantes, et comme le dit très bien Proudhon : « Les attributions fédérales ne sauraient dépasser nombre et en réalité celles des autorités communales ou provinciales, de même que celles-ci ne sauraient excéder les droits et prérogatives de l'individu. Autrement la commune deviendrait une communauté, l'autorité fédérale, de simple mandataire et fonction subordonnée, prendrait un rôle prépondérant; au lieu de se limiter à un service spécial elle tendrait fatalement à absorber toute activité, toute initiative des individus ou des groupes. Les États confédérés seraient convertis en préfectures, intendances, succursales, régies du pouvoir central, et le corps politique ainsi transformé pourrait encore s'app;ler république ou démocratie, mais cesserait, en réalité, de former une confédération c'est-à-dire un ensemble d'États constitués dans la plénitude de leur autonomie. »

On conçoit d'après cela combien l'idéal du fédéralisme diffère de celui de l'unitarisme et représente une conception opposée de la science politique. Dans le système unitaire, le pouvoir central est considéré comme l'unité, comme la réalité vivante, comme le point de départ et d'arrivée, comme le principe et la fin de l'organisation politique; par suite, on est tenté d'étendre outre mesure ses attributions, de concentrer dans son sein les initiatives individuelles, les autonomies locales, et à mesure qu'on descend l'échelle des groupes naturels, qu'on passe de l'État à la province, de la province à la commune, de la commune à l'individu, on voit peu à peu diminuer, se restreindre et s'effacer devant l'omnipotence du pouvoir central, les attributions de ces groupes.

Dans ce système, il semble que le centre soit partout et la circonférence nul'e part, et pendant que les individus réduits à zéro n'exercent qu'une influence tout à fait passive sur leurs affaires les plus directes, sur leurs intérets les plus immédiats, on aperçoit cette gigantesque machine de l'État qui absorbe dans ses mu'tiples engrenages les fonctions naturelles des individus, des communes, des départements, etc. Tout par l'État et pour l'État, telle est la devise du système unitaire : tout par l'individu et pour l'individu, tel est le programme du système fédératif.

Celui-ci ne reconnaît d'autre unité, d'autre réalité vivante que l'individu souverain et libre dans les divers groupes où il est succesivement appelé à exercer son activité.

La commune, le canton, le département, l'État ne sont que des collectivités, que des cadres vides et abstraits qui n'ont aucune réalité, aucune existence propre en dehors des individus. L'individu forme le premier anneau d'une série de cercles concentriques qui se superposent et perdent en compréhension ce qu'ils gagnent en extension. Aussi les attributions de ces differents cercles devront-elles augmenter de nombre et d'importance, à mesure qu'ils se rapprocheront du point de départ, du cercle générateur.

Par exemple la commune qui forme le cercle le plus concentrique à l'individu devra cumuler les attributions les plus larges et embrasser tout ce qui concerne le développement matériel et moral de l'individu ; l'État au contraire qui forme le centre le plus excentrique à l'individu devra abdiquer devant les groupes inférieurs et se réduire à une

sorte d'agence instituée par les communes et les départements pour l'exécution de certains services généraux dont
chaque groupe se démet volontairement.

Il s'agit de déterminer maintenant lequel de ces deux
systèmes correspond le mieux aux principes de la logique
et du Droit. La société procède-t-elle organiquement de
l'État, du centre, pour redescendre jusqu'à l'individu ou
bien de l'individu pour remonter jusqu'à l'État à travers les
groupes intermédiaires de la commune, du canton, du
département etc ? Dans la première hypothèse c'est le système unitaire, c'est l'absolutisme centralisateur et commu-
niste qui a raison ; et l'idéal de la politique consiste à absorber de plus en plus les parties dans l'ensemble et à ne
laisser dans l'indivision aucun des groupes qui semblent
les plus indépendants de leur nature ; dans l'hypothèse contraire, il n'y a de juste et de rationnel que le système fédératif, que le libéralisme individualiste et décentralisateur qui subordonne l'ensemble à ses parties constituantes
qui prend l'individu pour centre unique de l'organisation
sociale et considère la commune le département et l'État
comme simples dépendances et succursales de l'individu.

Or, la science moderne s'est dès longtemps prononcée entre ces deux systèmes. La puissance absolue de l'État, l'intervention du pouvoir central dans toutes les affaires individuelles ou locales, l'absorption de l'individu dans la masse qui caractérisaient la politique antique ont été définitivement condamnées par le droit moderne issu de la Révolution de 89.

C'est aujourd'hui un fait de raison et d'expérience que la société n'a d'autres fins que celles de l'individu que toutes les fonctions parasites de l'État doivent s'éliminer en faveur de la libre initiative des individus et se réduire progressivement à une police d'assurances pour la protection des franchises individuelles et collectives. M. Renan, qui ne passe pas précisément pour un anarchiste, l'a exprimé en ces termes :

« Notre temps est arrivé pour la première fois à conce-
» voir une organisation sociale où, l'initiative individuelle
» ayant toute liberté, l'État, réduit à un simple rôle de
» police, ne s'occuperait ni de religion, ni d'éducation, ni
» de littérature, ni d'art, ni de morale, ni d'industrie. »

L'affranchissement, l'émancipation intégrale de la personne humaine, le droit identique pour chacun de se développer librement, de disposer de lui-même et des produits de son activité, et cela dans la famille, dans l'atelier, dans la cité, dans l'État, la science politique et sociale du XIXme siècle ne connait pas d'autre idéal. Pour cette science, il n'y a dans les divers groupes sociaux que des forces, que des activités individuelles tendant à l'équilibre, à l'harmonie fina'e, mais assujetties à des conflits, à des antagonismes momentanés. Le problème politique devient alors une question de dynamique, de combinaison et de transformation de forces. Il s'agit : 1º de régler le développement et d'organiser le libre jeu de ses forces, de telle sorte qu'elles se heurtent et se contrarient le moins possible et que les causes ou prétextes de conflit se restreignent de plus en plus grâce à la solidarité des droits et à l'harmonie des intéréts ; 2° comme malgré l'amélioration du mécanisme politique et social, malgré le désir de faire justice à tous, et de garantir à chacun son droit tout entier, on ne peut compter que sur une réalisation approximative de cet idéal, il faut constituer une sorte de jury universel fractionné et réparti sur tous les points du territoire avec la mission de maintenir l'équilibre des libertés et d'administrer les intéréts indivis de la communauté.

Le problème ne se pose pas autrement et les générations futures qui voudront tenter une organisation scientifique et rationnelle de la société, devront choisir entre cette alternative : ou bien elles retomberont dans les errements de la politique antique, et en perfectionnant, la centralisation, prépareront sans cesse de nouveaux despotismes et de nouvelles révolutions ou bien elles fortifieront et émanciperont l'individu aux dépens de l'État, les parties, aux dépens de l'ensemble, et par une décentralisation, progressive, réaliseront l'État républicain fédératif, c'est-à-dire le gouvernement de chacun par tous et de tous par chacun.

II

Développement historique
du système unitaire et centralisateur

Si nous passons maintenant du domaine de l'abstraction dans celui des faits et de la réalité concrète, nous constatons un développement analogue du principe gouvernemental; et cela s'explique, car l'histoire n'est autre chose que la logique en action, que l'idée en évolution permanente, que le progrès tendant à se produire par l'épuisement de toutes les chances, de toutes les éventualités funestes.

Nous avons vu que l'évolution logique du principe gouvernemental comprenait trois moments bien distincts : 1º le droit autoritaire ou règne de l'autocratie; 2º le droit constitutionnel où règne des constitutions, sorte de compromis entre la liberté et l'autorité; 3º le droit contractuel ou règne des contrats ou le principe de liberté tend à absorber définitivement le principe d'autorité.

Et bien, il en est de même dans l'histoire, et dès lors, il ne faut pas s'étonner si l'idée fédérative seule adéquate au droit contractuel, n'a encore reçu dans les gouvernements de fait qu'une sanction bien incomplète. Sans doute, nous trouvons à l'origine de certaines sociétés, des germes et des velléités de fédération, par exemple dans les tribus hébraïques, dans l'anphyctionie grecque, et au moyen-âge, dans les ligues des peuples slaves et germaniques ; mais l'idée semble encore voilée et tenue en réserve ; nulle part elle ne se dégage dans sa sincérité. Les pactes qui unissent les peuples primitifs reposent sur des affinités matérielles de sang, de race de famille ; aussi, les voyons-nous aussitôt rompus que formés suivant le caprice d'une tribu ou d'un chef. Ce n'est point encore là le contrat moral et juridique débattu, *manu propria*, et consenti en connaissance de cause par chacun des confédérés. En effet, ces sociétés se ressentent encore trop de leur origine violente et belliqueuse, pour adopter un système politique comme la fédération qui exclut toute idée de force et de contrainte. D'autre part, les individus ne possèdent pas une conscience assez nette de leurs obligations réciproques pour supporter un régime de liberté absolue : ils ont encore besoin d'une forte discipline extérieure qui incline leurs volontés particulières vers le bien général de la communauté.

En outre, les peuples primitifs ne sont guère accessibles aux notions abstraites et compliquées : ils saisissent bien plus aisément tout ce qui est concret, individuel, tout ce qui s'incarne dans une personnalité tranchée et distincte, et prodiguent volontiers leurs adorations aux héros, aux hommes providentiels, aux César, Pompée, Clovis, Charlemagne, Louis XIV, Napoléon Ier. Le caractère de la civilisation consiste précisément à restreindre sans cesse l'influence des individus, pour laisser dominer celle des causes, des actions générales, et à abroger le culte des héros par celui des idées. La force, l'autorité, la puissance matérielle, tout ce qui parle aux sens et à l'imagination, telles sont les idoles de l'enfance de l'humanité ; mais les conceptions rationelles, mais les idées abstraites comme le droit, la justice, ne peuvent surgir que dans une société déjà mûre et maîtresse d'elle-même. Or, parmi les notions politiques il n'en est pas de plus générale, de plus idéaliste dans sa nudité abstraite, que celle de fédération, basée uniquement sur les idées de mutualité et de réciprocité dont l'intelligence suppose un haut degrè de développement scientifique, de culture spirituelle et morale.

On ne saurait donc arguèr de l'ajournement du principe fédératif en faveur de son impossibilité : nous accordons sans peine que c'est un idéal, mais on n'a pas le droit de taxer cet idéal d'utopie, puisque le passé nous en offre déjà quelques exemples, et que l'insuffisance de ces exemples s'explique par des causes inhérentes à la nature même du principe.

Il est facile de nous en convaincre par l'étude des phases principales de notre histoire nationale. A diverses époques, l'idée décentralisatrice et fédéraliste veut se dégager et se formuler, mais comme elle n'est point encore parvenue à maturité, comme elle provient plutôt de l'extérieur des choses que de l'adhésion raisonnée, que du consentement volontaire des individus , elle rentre aussitôt dans l'ombre et devient de nouveau la proie de l'absolutisme centralisateur. C'est que pour les individus comme pour les peuples, la volonté de la liberté ne suffit point : avant de réaliser cette volonté, il faut avoir vaincu toutes les fatalités, toutes les solidarités funestes qui s'opposent à notre émancipation et retardent l'avénement du bien et du juste.

Ainsi, au berceau même de notre nationalité, la Gaule formait une confédération de tribus ; du reste, la configuration géographique du pays, la division des races, les mœurs indépendantes et aventureuses de ses habitants, la disposaient merveilleusement pour la fédération, et la nature lui avait donné cette véritable unité qui n'exclut point la multiplicité des groupes , la diversité des tempéraments et des caractères. La nationalité française se serait probablement développée dans le sens du système fédératif, si la conquête romaine ne lui avait imposé l'unité artificielle et brutale du despotisme césarien. Nous ressentîmes alors pour la première fois l'influence fatale du génie de Rome qui se définit par l'autorité paternelle dans la famille, par l'oppression de l'individu dans la cité et l'omnipotence de la loi dans toutes les relations de la vie civile. Ce fut le signal de la lutte entre l'esprit centralisateur de Rome et l'esprit indépendant de la Gaule , conflit permanent et inépuisable de deux races personnifiant deux principes opposés : l'une, le principe d'autorité ; l'autre , celui de liberté, entre lesquels hésite et se débat encore la France moderne. Nous ne saurions trop y insister : c'est la tradition romaine subsistuée à la tradition gauloise qui nous fit dévier de nos origines naturelles, et pour redevenir les vrais descendants de nos ancêtres gaulois, il nous faut dépouiller tous les préjugés romains, toutes les fausses idées qui ont tant contribué au développement du caractère monarchique et autoritaire de notre nation.

Au moyen-âge, l'esprit de liberté et d'indépendance indigène à la vieille Gaule, semble renaître et se réfugier dans les communes. Le mouvement communal n'est qu'une explosion de cette lutte que nous signalions plus haut; une réaction de l'idée fédéraliste contre le principe monarchique. Les cités du moyen-âge ne virent d'autre ressource contre la volonté toute puissante du roi que dans ces chartes municipales, dans ces franchises collectives qui leur assuraient une autonomie relative. L'individu se sentant complétement écrasé et à la merci du monarque, éprouva le besoin de former avec ses semblables des groupes qui devinssent autant de centres de ralliement et de résistance à l'oppression : car, dans une société fondée sur le principe d'autorité, où le droit de la personne humaine à disposer librement d'elle-même n'est point reconnu par la loi, où, par suite, la liberté individuelle n'a d'autres garanties que le bon plaisir, que le caprice arbitraire du despote, il ne reste aux individus qu'à se réunir, qu'à se fortifier par l'association, dût cette association leur coûter une part de liberté et de bien-être. Tel fut le sens du développement corporatif, municipal et provincial au moyen-âge : ces communes, ces corporations, ces centres de vie collective, formaient autant de petits États dans l'État, de républiques démocratiques en germe dans la monarchie. Sans doute, le travailleur ne jouissait point au sein de la corporation, de son indépendance civile et politique, et ne disposait pas librement des fruits de son activité : il faudra toute une révolution pour consacrer le principe de la liberté de la personne et du travail; mais si la féodalité s'imposait encore avec son cortége tyrannique de maîtrises, de jurandes, de droits seigneuriaux, de corvées, de tailles et de gabelles, cette servitude pesait moins que dans l'état d'isolement, et compensait, jusqu'à un certain point, le fardeau des inégalités sociales.

De même, dans la commune, l'individu apprenait à gérer ses intérêts les plus immédiats et s'essayait à l'exercice de ses droits civiques; si dans l'État on le traitait encore comme un mineur incapable de se gouverner lui-même et d'exprimer son avis sur les affaires générales, du moins exerçait-il un droit de contrôle et de surveillance sur les magistrats et administrateurs communaux qu'il élisait à son gré, et peut être, jouissait-il en fait d'une plus grande liberté que ces prétendus citoyens des États centralisateurs dont la Constitution reconnaît solennellement les droits imprescriptibles et inaliénables, mais dont la souveraineté ne dépasse guère le domaine de l'abstraction ; qu'on appelle tous les cinq ans à décider les plus graves problèmes de la science politique, mais qui, dans l'intervalle, ne peuvent bâtir une école ou élever un clocher sans l'autorisation du pouvoir central. La commune du moyen-âge était une excellente école de libéralisme et de *self government*. Les individus s'y seraient habitués à agir, à délibérer en commun, et initiés dans la sphère restreinte de la commune à ce gouvernement direct du peuple par lui-même qui fait de nos jours la prespérité et la grandeur des pays libres.

Malheureusement cette renaissance fédéraliste ne dura pas longtemps : la royauté qui avait d'abord secondé l'émancipation communale, la combattit énergiquement dès qu'elle cessa d'y voir un instrument utile à ses fins. Elle s'en était d'abord servie comme d'une machine de guerre contre la féodalité, contre l'humeur belliqueuse et indisciplinée des seigneurs, et, dans la lutte entre la monarchie et la féodalité on voit toujours les rois rechercher le concours des communes. La royauté se donnait alors les apparences d'un libéralisme desintéressé qui prétendait faire le jeu du peuple et des travailleurs aux dépens de l'aristocratie terrienne et féodale : en fait, elle leur permit d'abattre le pouvoir des seigneurs, de briser les mailles inflexibles du système féodal, et par suite de précipiter le mouvement de 89.

Mais la royauté satisfaite d'avoir mis les seigneurs hors d'état de gêner l'extension de sa puissance, comprit bientôt qu'elle avait un ennemi non moins redoutable dans ces communes du moyen-âge, dans ces centres d'autonomie locale et d'initiative individuelle, dans ces Républiques en miniature qui s'administraient elles mêmes et pouvaient, si on les laissait se développer à leur aise, se liguer entre

elles et lever un jour l'étendard de l'indépendance contre
'absolutisme monarchique.

La compression du mouvement communal devint dès
lors l'unique objectif de la royauté ; les communes qui,
par la destruction de la féodalité venaient d'échapper au
despotisme de la pluralité retombaient dans le despotisme
de l'unité, et tandis que le premier, malgré ses abus, per-
mettait encore à la liberté de lever la tête, le second allait
étendre sur toute la nation le réseau de sa rigide uniformité. L'évolution monarchique et unitaire se poursuit toujours conformément à la logique des choses et atteint son
complet développement sous Louis XIV, qui incarne la nation dans la personne royale. L'État, c'est moi, telle est la
formule de ce système qui subordonne toutes les libertés
particulières à l'autorité infaillible du souverain qui, sous
prétexte d'unité, comprime tous les élans, toutes les éner.
gies, toutes les divergences de la nature humaine et aboutit
à cette immorale abdication des volontés de tout un peuple devant un roi fait dieu.

« L'État c'est moi, » telle est la devise qui résume une
phase entière du développement historique de la nationalité française fatalement engagée dans le sens de l'unitarisme et de la centralisation. Sous Louis XIV, l'individu,
c'est-à-dire la base de l'édifice social, n'était plus que le
sujet du bon plaisir royal : les communes, les provinces, en
un mot tous les centres autonomes, ou s'était réfugiée la vie
politique au moyen-âge, subirent le même sort, car la base,
une fois détruite et annihilée, les étages superposés de-

vaient aboutir, par une pente fatale, a la négation de leur existence propre, en sorte qu'il ne restait plus dans la société que le sommet de la pyramide, que l'Etat surchargé des dépouilles de tous les groupos inférieurs ; et comme le dit très-bien Royer Collard: de la Société en poussière sortit la centralisation.

Le pouvoir monarchique voulut se mêler de tout, attirer dans sa compotence les affaires locales et gérer par des agents à sa dévotion, les intérêts des particuliers, des communes et des départements. Les officiers royaux, les intendants se trouvaient seuls chargés de la police générale et particulière, de l'entretien de tous les ouvrages publics, de l'exécution des lois, et avaient pour mission de briser tous les obstacles, toutes les résistances à l'omnipotence du pouvoir central.

L'unité dans l'uniformité, la monarchie absolue de Louis XIV ne connut pas d'autre idéal : idéal des artistes comme des politiques, des jardins géométriques de Le Nôtre comme des tragédies pseudo-classiques de Racine. L'unité dans l'uniformité, c'est-à-dire en politique l'absorption de l'individu dans le pouvoir central ; l'écrasement de toutes les réalités concrètes, de la corporation de la province, de la commune, par une collectivité abstraite l'Etat ; de même en esthétique, la prépondérance exclusive du type abstrait et général sur les éléments concrêts de la nature humaine, et la sujétion à un code de régles uniformes et inflexibles, à une beauté froide et conventionelle, de tout ce qui constitue la vie de l'esprit, la liberté, l'indépendance d'allures, la variété infinie des types et des caractères.

Sous les successeurs de Louis XIV, la centralisation suit son cours naturel : les échecs militaires éprouvés par la France pendant la vieillesse du roi-soleil avaient fait sentir le besoin de resserrer encore les liens de la nationalité. Et puis, il est à présumer que Louis XV ne dédaignait pas de conserver la haute main sur les budgets des communes et des provinces pour défrayer le luxe de la cour et les royales débauches du Parc-aux-Cerfs ; car si les communes avaient eu le droit de voter l'impôt, de le répartir suivant les nécessités locales, et de n'en céder à l'Etat que la part indispensable à la gestion des intérêts généraux, peut-être eussent-elles voulu mettre un frein aux débordements du budget royal, et estimé que l'honneur d'entretenir une cour ne valait pas le droit de contrôle sur ses propres affaires.

Toutefois, on peut se faire une idée du degré qu'avait atteint la centralisation sous Louis XV par cet aveu de Law au marquis d'Argenson : « Jamais je n'aurais cru ce que j'ai vu quand j'étais contrôleur des finances. Sachez que le royaume de France est gouverné par 30 intendants. Vous n'avez ni parlements, ni États, ni gouverneurs ; ce sont 30 maîtres des requêtes, commis aux finances, de qui dépendent le malheur et le bonheur de ces provinces, leur abondance ou leur stérilité. » Est-il possible de s'imaginer une dépendance plus absolue des groupes qui constituent la nation, un écrasement plus impitoyable des libertés individuelles et collectives par le pouvoir central. Plus de parlements, plus d'États, plus de communes ; en revanche le bon plaisir de 30 maîtres des requêtes, organes irresponsables de l'absolutisme royal, qui disposent à leur gré du bien être matériel et moral de tout un peuple. « Sous l'ancien régime, dit encore Tocqueville, il n'y avait ville, bourg, village ni si petit hameau en France, hôpital, fabrique, couvent ou collége qui pût avoir une volonté indépendante dans ses affaires particulières, ni administrer à son gré ses propres biens. Alors, comme aujourd'hui, l'administration tenait tous les Français en tutelle, et, si l'insolence du mot ne s'était pas produite, on avait du moins déjà la chose. »

Le principe centralisateur et unitaire ne pouvait aller plus loin. Sous Louis XVI il y eut un mouvement de réaction bien marquée contre les empiétements du pouvoir central. Grâce à l'influence de Turgot et des économistes, au progrès des idées anglaises et constitutionelles de Montesquieu, le roi comprit la nécessité de détendre les liens de fer qui rattachaient l'État à la nation et de restituer aux provinces et communes une part de leurs attributions usurpées par la royauté. La devise : « L'État c'est moi » avait fait son temps : il fallait répartir la gestion de la chose publique entre le sommet et la base de l'édifice, entre l'État et les divers groupes sociaux ; associer la souveraineté monarchique à la souveraineté populaire, et la responsabilité personnelle du monarque à la responsabilité collective de la nation.

Ce sera devant la postérité l'éternel honneur de Turgot d'avoir travaillé au relèvement de l'autonomie provinciale et d'avoir compris que l'émancipation de la commune était la condition première de la liberté dans l'État. Son mémoire au roi sur les municipalités témoigne de ses vues profondes à cet égard. Turgot voulait reconstituer l'État sur sa seule base scientifique et rationelle, l'individu exerçant son activité dans les différents groupes, et ramener la France à ses origines gauloises et fédéralistes par la formation de communes et provinces autonomes. Il complétait ainsi le grand principe de la liberté de la personne et du travail qu'il avait formulé le premier par l'indépendance de la commune et de la province, et son idéal politique tendait à faire de la France une vaste confédération de provinces ou de communes sous la présidence héréditaire du roi.

En somme, la vie municipale et provinciale renaît de toutes parts aux approches de 89 ; la nation semble se réveiller de longs siècles de despotisme et aspire à prendre possession de sa majorité. Les cahiers de 89, expression vivante des vœux populaires, ne font qu'accuser les aspirations décentralisatrices du pays. Les bataillons envoyés à Paris au nom des États prirent le titre de fédérés, et les représentants de la France avaient pour mandat de contracter un pacte de garantie en faveur de leurs souverainetés respectives. On put croire un instant que la tradition gauloise, que le libre développement des divers groupes, des diverses nationalités allait enfin remplacer la tradition romaine, l'omnipotence du pouvoir central, et le principe fédératif triompher du principe unitaire, legs de l'ancien régime.

Malheureusement la révolution ne se maintint pas sur ce

terrain : le conflit entre la souveraineté royale et populaire, inhérent à la fiction constitutionelle, devint le principal objectif de tous les partis, et pendant qu'on songeait à anéantir le pouvoir royal, on oubliait de fonder les franchises provinciales et municipales seule garantie de la liberté des citoyens. On dictait des lois à l'humanité par la déclaration des droits de l'homme, et on n'avait pas l'air de soupçonner que sous la République une et indivisible, il y a place pour le despotisme comme sous la monarchie. Cependant, ne valait-il pas mieux développer les autonomies locales et préparer par l'émancipation de tous les groupes naturels, l'avénement de l'État républicain fédératif ? ne valait-il pas mieux enter sur la monarchie constitutionelle les bases de la fédération à venir que de sanctionner la confiscation de la souveraineté populaire par le dogme de la République une et indivisible ?

Ici on peut reprocher aux constituants de   eur défaut de sens pratique et leur foi exagérée dans les   ées abstraites ; ils prétendaient réaliser le droit de l'i   dividu par des thèses éloquentes de métaphysique politique, au lieu d'en assurer l'exercice effectif dans les assemblées représentatives, provinciales, cantonales, municipales, à tous les degrès de la vie publique. Comme le dit Proudhon, « la constitution de 89 donne le signal de la réaction contre le fédéralisme. A partir du serment du Jeu-de-Paume, ce ne fut plus une réunion de députés quasi fédéraux contractant au nom de leurs États respectifs : c'étaient les représentants d'une collectivité indivise qui se mirent à remanier de fond en comble la société française à laquelle ils daignèrent les premiers octroyer une charte. » La première conséquence de cette indivision fut de détruire les anciennes délimitations géographiques et territoriales de la France qui répondaient à des besoins naturels, à des affinités de langage, de mœurs, d'habitudes, et de leur substituer la division artificielle et arbitraire en départements. Les anciennes provinces représentaient l'esprit d'indépendance, de diversité locale au sein de l'unité nationale. Dans les pays d'États, dans la Bretagne, le Languedoc, on pouvait retrouver des vestiges de la Gaule fédérative qui avaient échappé à la centralisation dévorante de la monarchie ; mais cette diversité contrariait notre manie d'unité et d'uniformité, et il fallait avant tout effacer les divergences locales au profit d'une assemblée seule dépositaire de la volonté nationale.

Après la chute de la Royauté on put croire que la souveraineté du peuple débarrassée de son ennemi héréditaire allait enfin se fonder sur sa véritable base, l'autonomie de l'ndividu dans les divers groupes, et que l'émancipation de la commune, du département accompagnerait celle de l'État. Le titre de Convention que prit la nouvelle Assemblée semblait un retour vers les idées fédéralistes ; on n'invoquait plus le droit constitutionnel qui implique toujours l'idée d'une charte imposée, octroyée du dehors, mais le droit conventionnel ou contractuel qui se résume dans l'ensemble des contrats par lesquels les individus se garantissaient le maintien de leurs franchises naturelles.

Mais la Convention retomba dans les errements de la
Constituante ; sous l'influence des idées de Rousseau elle
ne vit dans la nation qu'une collectivité indivise, qu'une
souveraineté toute en abstraction et proclama une seconde
fois la République une et indivisible. La France, condensée
dans la capitale, tête et cœur de la nation ; les souverainetés particulières et locales personnifiées dans une Chambre unique, les libertés individuelles et collectives remises
au caprice d'une majorité législative, tel fut l'idéal de la
Convention : le génie politique de ses hommes d'État ne
sut pas s'élever jusqu'à l'idée de fédération, et, pour les
Conventionnels, la liberté se bornait au pouvoir de faire la
loi, de decréter soi-même sa propr servitude. Ils ou-
bliaient qu'une Chambre siégeant dans la capitale ne saurait être qu'une partie essentielle, la tête de la Représentation, mais jamais la représentaion toute entière de la
France.

En effet, suivant la profonde remarque de M. Thierry :

« Pour être sincérement représentée, la France doit
» l'être à tous les degrès, dans tous ses intérêts et sous
» tous ses aspects. Pour être représentée, la France devrait
» être couverte d'assemblées représentatives : on devrait
» y trouver la représentation des communes, des villes,
» des cantons, des provinces et au-dessus de tout cela, pour
» couronnement de l'édifice, la représentation du pays
» tout entier, celle des grands et souverains intérêts de la
» patrie, plus généraux, mais non pas plus sacrés que les in
» térêts des provinces, departements, cités et communes. »

Sinon, on ne fait que déplacer le despotisme, car, qu'il me soit présenté par un bras ou par cinquante, par une Assemblée ou par un roi, le despotisme ne change pas de nature, et nous ne voyons pas quel avantage trouve une nation à légiférer sa propre tutelle par l'entremise de ses représentants ou à la recevoir toute faite et toute prête des mains d'un monarque.

Il est vrai que les événements extérieurs ne semblaient guère favoriser les tendances fédérales et décentralisatrices : la nécessité de se centraliser pour combattre l'étranger s'imposait au nom du salut public. Mais aujourd'hui nous pouvons mesurer les conséquences de la victoire remportée par les Jacobins. Le système de la République une et indivisible nous a ramenés dans la voie de l'unitarisme de la centralisation à outrance : nous ne savons si le Comité de Salut public, si la Commune, si les procédés terroristes de 93 ont contribué à la défaite de la coalition européenne, mais nous comprenons à coup sûr comment la dictature jacobine et la Constitution de 93 préparèrent les voies à la dictature napoléonienne et à la Constitution de 1804.

La décadence de nos libertés provinciales et municipales commançe par l'ancien régime, continue par la Révolution, se consomme sous Napoléon Ier. A l'encontre du droit divin qui imposait son omnipotence, sans le consentement des populations, le césarisme napoleonien appelait la nation à voter elle-même sa propre déchéance, et à résigner ses pouvoirs entre les mains de son élu. Du reste, comme dans le

système du droit divin, tout émane de l'empereur : la justice, la propriété, la liberté des individus et des groupes.
Déjà, les Constitutions de l'an II et III avaient fait de la
commune et du département de simples succursales du
pouvoir central, mais le dernier coup leur fut porté par
l'institution des préfets, (17 février 1800), qui remplacèrent
les commissaires centraux de la République, et eurent pour
les assister, les Conseils de préfecture.

La Constitution de 1804 est le chef-d'œuvre de l'autocratie, de la centralisation : on ne saurait mieux étrangler au
profit du despotisme les libertés d'un peuple, mieux absorber dans le centre tout mouvement, toute action, toute vie
politique. A la chute de l'Empire, le département, la commune, avaient vécu ; sous Charles X et surtout sous Louis-
Philippe, la bourgeoisie effrayée de l'exorbitance du pouvoir central voulut y mettre un frein par une décentralisation des groupes, par une organisation municipale et départementale. En cela, la bourgeoisie ne faisait qu'obéir à
la logique de son système ; car, pour établir sa prépondérance, pour concentrer en elle la puissance politique, elle
devait affaiblir, restreindre sans cesse la prérogative
royale, sans aller cependant jusqu'à la détruire. Les bour-
geois de 1830 ne veulent d'un roi qu'autant qu'il leur sert à
contenir le flot démocratique, car, en France, la bourgeoisie
est républicaine, seulement avec une énorme défiance de
tout ce qui sent la démocratie. Or, il y avait pour elle deux
moyens de contrebalancer l'influence du pouvoir central :
1° le système constitutionnel et parlementaire dont elle

accaparait le monopole par le cens électoral ; 2⁰ la décentralisation administrative, la reconstitution des assemblées provinciales et municipales.

Mais c'est alors que se révéla clairement l'incompatibilité entre le système unitaire et les libertés municipales. La liberté municipale essentiellement fédéraliste ne put s'accommoder de cette forte unité gouvernementale, de cet État à grande centralisation auquel la monarchie de Juillet se gardait bien de porter atteinte. La commune et le département, au lieu de devenir les centres principaux d'activité politique, furent toujours gardés à vue et tenus en tutelle par le pouvoir central. Le mouvement, l'impulsion partait toujours d'en haut, au lieu de se propager des extrémités au sommet. L'initiative communale se heurtait à l'influence du préfet, représentant de l'autorité centrale : il y avait là une cause permanente de conflits qui ne pouvaient pas ne pas se produire ; car, étant donné le système unitaire, il implique contradiction que le groupe inférieur ne subisse pas la loi du supérieur. Le gouvernement de Juillet, en ce qui concerne l'organisation communale et départementale, s'en tint à une politique de compromis, de transaction entre l'autonomie des groupes et l'omnipotence de l'État ; il prétendait limiter à la fois l'action de l'État et celle des individus maintenir la centralisation dans ses parties essentielles, et cependant relever les communes et les départements de cette dépendance absolue où les avait réduites l'ancienne monarchie.

Mais la logique même de la centralisation exigeait davantage, et Napoléon III enlevait par la Constitution autocratique de 52, analogue à celle de 1804, toute initiative, toute vie propre aux communes et départements. La loi du 5 mai 1855 réservait la nomination des maires au pouvoir central ou à ses agents, les préfets ; dès lors, les communes ne dépendirent plus que de l'État et se virent même déchues du droit d'élire leur premier magistrat. On les traitait en mineures, en incapables de se gouverner et s'administrer elles-mêmes ; leurs intérêts ne se distinguaient pas de ceux de l'État, et à celui-ci exclusivement appartenait la mission de les gérer. En cela, Napoléon III ne faisait que remplir son mandat impérial, que pousser à sa limite extrême le principe monarchique : avec lui s'accomplissaient les destinées de l'idée unitaire et centralisatrice empruntée par la Révolution à l'ancien régime, et, léguée par le premier Empire à la monarchie constitutionnelle de Charles X et de Louis Philippe.

III

Inconvénients politiques du système centralisateur sous toutes les formes gouvernementales.

Ainsi, sous Louis XIV comme sous la Convention, sous Napoléon Ier comme sous Napoléon III, nous voyons toujours le même principe poursuivre sa marche avec une logique irrésistible, se développer et s'exagérer à travers toutes les révolutions, tous les bouleversements politiques et sociaux. Contradiction singulière ! il n'est peut-être pas de nation en Europe, qui ait vu s'effondrer autant de régimes, autant de formes de gouvernement et, il n'en est peut-être pas où le fond des choses, où la constitution intime du pouvoir soit restée aussi stationnaire , aussi immobile, aussi obstinément esclave de la tradition. La France peut paraître tour à tour le plus conservateur et le plus révolutionnaire, le plus aventureux et le plus routinier des peuples suivant le point de vue où l'on se place.

Nous excellons à changer les personnes, à remplacer

Louis XVI par Danton et Robespierre, Louis Philippe par Ledru-Rollin et Napoléon ; mais, qu'importent les changements extérieurs, si le système reste au fond identique, si les mêmes attentats se perpetuent contre la Justice et la Raison ? Change-t-on l'intérieur d'un édifice quand on se borne à en modifier la façade ? Par exemple quelle différence fait-on entre la monarchie une et indivisible et la République une et indivisible, si elles consacrent également le despotisme de l'Etat, l'écrasement des individus et des groupes au profit de la centralisation gouvernementale ? Quel avantage possède la souveraineté populaire sur la royauté de droit divin, si elle n'a d'autre résultat que de confisquer la liberté individuelle, tantôt au profit d'un seul, tantôt au profit d'une oligarchie bourgeoise ou d'une majorité démocratique.

On prétend que ce qui affaiblit et mine notre tempérament national, c'est cette soif de changement, cette fièvre révolutionnaire qui l'agite à des périodes régulières ; nous tenons au contraire pour une des causes principales de notre infériorité, notre impuissance à réaliser une révolution qui atteigne le fond des choses, à répudier les traditions du passé désormais incompatibles avec les exigences de la vie moderne, et à reconstituer la France du XIXe siècle sur les vrais principes du libéralisme et du self-government.

S'il est un spectacle écœurant pour les âmes honnêtes et bien fait pour ébranler les bases de la moralité politique, c'est de voir avec quelle légèreté de cœur nos hommes d'État renient une fois au pouvoir les principes que dans l'opposition ils soutenaient de toute l'énergie de leurs convictions.

Et bien, je le demande, ne faut-il attribuer ces palinodies et ces défaillances qu'aux vices de l'intelligence et du caractère ? N'y a-t-il pas moins de la faute des individus que de celle des choses et du système politique ? Tout gouvernement obéit en effet à ses lois propres qui l'obligent dans l'intérêt de sa conservation à employer certains procédés, certaines pratiques, et ce ne serait guère faire preuve d'impartialité que de rejeter sur les hommes seuls la responsabilité des erreurs où les entraine fatalement la logique du système.

Or, nous avons constaté que tous les gouvernements depuis la fondation de la monarchie française n'ont connu d'autre principe et d'autre fin que l'unité. L'unité nous a toujours paru la formule suprême, la raison dernière du gouvernement. On partait de ce principe, que tout organisme vivant, la plante, l'animal, la société, ne peut exister sans une unité fondamentale qui en coordonne les diverses parties, et on appliquait avec raison les lois de la physiologie à l'économie sociale. Mais, comme nous négligions d'envisager dans la plante ou l'animal l'indépendance des parties sous la cohésion de l'ensemble, de même, dans la société, nous sacrifiions la diversité à l'unité, la pluralité à la simplicité et prétendions réaliser l'ordre par la compression des libertés individuelles ; or, que deviendrait le corps humain si toutes ses parties constitutantes, si le cerveau, les bras, les jambes ne relevaient pas de leur loi propre et ne jouissaient pas dans leur sphère d'une indépendance complète de mouvements ? De même si l'individu, si la commune et le département sont privés de leur autonomie, l'Etat ne se réduit-il point à une vide et stérile abstraction ?

Il n'y a point d'unité sans variété, d'ordre sans liberté, dans la nature comme dans la société. Seulement, dans les œuvres de la nature, cette unité se produit par le concours de forces aveugles et inconscientes, tandis que dans la société, l'unité doit provenir du sein même de la liberté, unité non de coercition et de contrainte extérieure, mais unité spirituelle, ordre intelligible résultant du consentement volontaire des individus et des groupes.

Mais nous n'avons jamais pu nous assimiler cette conception spiritualiste, et il n'est pas une de nos constitutions la plus monarchique comme la plus démocratique qui n'ait adopté pour programme l'absorption des libertés par le pouvoir central, qui n'ait voulu retenir dans l'indivision tous les groupes naturellement et rationnellement autonomes. La Royauté est une et indivisible disait la monarchie. Elle s'exerce directement par le Roi, chef héréditaire et irresponsable de la nation. Tout émane du roi en vertu du droit divin : Justice, Propriété, et les franchises locales n'ont d'autres garanties que le bon plaisir du monarque. Les affaires communales et provinciales sont administrées par les intendants et les officiers royaux qui ne doivent compte qu'au roi ; ce sont eux qui lèvent les taxes de la commune ou de la province et répartissent la distribution des charges publiques.

La royauté est une et indivisible répond la monarchie constitutionnelle ; mais elle s'exerce collectivement par le roi, les ministres et les chambres électives. Ici la nation entre en participation du gouvernement: le pouvoir reste héréditaire et n'encourt aucune responsabilité effective, mais il octroye à la nation un droit de contrôle sur ses actes, qu'elle exerce par l'entremise de ses représentants. Cependant, le roi et ses ministres, contrôlés par les Chambres, conservent la direction suprême des groupes provinciaux ou communaux, nomment les administrateurs de la province ou de la commune et concentrent en leurs mains toutes les forces vives de la nation : clergé, magistrature, travaux, instruction publique, commerce et agriculture.

La République démocratique est une et indivisible reprennent en cœur les républicains. Ici, la souveraineté émane du peuple et s'exerce par les représentants d'une collectivité indivisée qui s'appelle la France. Mais, de même que dans le système du droit divin, la monarchie concentrait toutes les libertés individuelles ou collectives; de même l'assemblée Constituante ou Convention, dépositaire de la souveraineté nationale, doit intervenir dans toutes les affaires locales, gérer les intérêts des individus et des groupes, qui, bien que souverains de droit, doivent subir en fait la tutelle protectrice de leurs mandataires.

On le voit donc ; la nation peut n'être pas moins esclave sous ses délégués que sous ses maîtres, et la forme du gouvernement la plus libérale et la plus démocratique en l'apparence peut demeurer au fond essentiellement despotique et autoritaire. On aura beau modifier la distribution du pouvoir, le faire passer des mains d'un seul dans celles d'une

ou de deux assemblées, tant qu'on ne changera pas la cons
titution générale, tant que la centralisation, que l'unitarisme restera la loi organique du gouvernement, la société
sera livrée à l'action et à la réaction perpétuelle de l'état
révolutionnaire.

Malheureusement il ne manque pas en France de soi-
disant républicains que l'expérience historique n'a point
encore guéris de leurs illusions unitaires et centralisatrices.

Leur idéal politique est toujours l'unité, l'autorité, l'uniformité. Pour eux, le système fédératif ne correspond qu'à
un état de société inférieur, qu'à l'enfance des peup'es, et à
mesure que les sociétés se civilisent, elles tendent vers le
système unitaire, vers les gouvernements forts et centrali-
sés. Un des représentants les plus accrédités de cette école:
M. Vacherot, affirme que nul système politique ne veut
l'État plus grand, plus respecté, plus absolu que la démocratie. Nous demanderons alors à M. Vacherot comment il
entend accorder la liberté avec la démocratie, l'autonomie
de l'individu, le *self government* avec la République une et
indivisible. Si la démocratie exige la grandeur et l'absolutisme de l'État, nous ne voyons guère en quoi elle se distingue de l'autocratie ; ce dernier système nous paraît
même préférable, puisqu'il a du moins le mérite de la fran-
chise et ne prétend point fonder la liberté sur l'autorité.

Mais en France, les préjugés monarchiques et autoritaires
font si bien partie intégrante du caractère national, qu'ils
déjouent toutes nos velléités de libéralisme. Il est tel'e de
nos Constitutions républicaines, celle de 48, par exemple,

où les idées démocratiques viennent se heurter sans cesse à la tradition unitaire et centralisatrice. Ainsi que signifie un Président nommé par le suffrage universel, en face d'une Assemblée représentative élue par le même mode de scrutin, sinon le rétablissement anticipé de la monarchie, et la sanction constitutionnelle de ce déplorable préjugé qu'une nation ne saurait se gouverner sans une tête, sans un sauveur providentiel? Et cet autre article : L'élection des députés se fait au scrutin de liste par département, ne consacre-t-il point l'indivision des groupes, l'écrasement des minorités par la majorité et le despotisme des électeurs ruraux sur les populations des villes? De même, cette phrase de banale rhétorique : Les députés ne sont pas les représentants du département qui les nomme, mais de la France entière, comme si un mandataire représentait autre chose que les droits et les intérêts du groupe d'électeurs qui l'a choisi: comme si le représentant de la Gironde pouvait se dire en même temps celui de la Bretagne ou de la Bourgogne.

Toujours et partout, cette maladie de l'unité, de l'uniformité. Nos démocrates n'y échappent pas plus que nos monarchistes. Actuellement, l'idée centralisatrice et unitaire semble parvenue en France à son extrême développement, et n'avoir plus rien à englober. Cette fin d'un principe donnera-t-elle le signal d'un mouvement en sens inverse? L'antithèse va-t-elle succéder à la thèse? L'émancipation des individus et des groupes à l'absorption par l'autorité centrale de toutes les souverainetés locales? Comprendrons-nous enfin que l'individu étant tout ou aspirant à devenir tout dans la société, l'impulsion doit partir de l'individu et des groupes lés plus voisins, tandis que l'État n'étant rien par lui-même doit se réduire à sa plus simple expression, et servir uniquement d'organe aux intérêts des individus et des groupes appelés à se concerter et à se balancer les uns par les autres.

A une société nouvelle il faut une science politique nouvelle. Le système centralisateur était le soutien, l'âme même de l'ancien régime : centralisation et monarchie ne font qu'un et ont toujours suivi dans l'histoire un développement parallèle. Ce système perd toute raison d'être dans une société démocratique; car, n'en déplaise à M. Vacherot, il n'y a pas de système qui veuille l'État moins fort, moins absolu que la démocratie. Démocratie et centralisation sont deux termes contradictoires et antagoniques, précisément parce qu'il y a incompatibilité de nature entre la démocratie et la monarchie, entre le gouvernement de tous par chacun, et celui de tous par un seul ou plusieurs.

M. Vacherot ne voit pas qu'un État à grande centralisation deviendra forcément despotique, autoritaire, et par suite, anti-démocratique; qu'il restera, malgré toutes ses promesses de libéralisme, impuissant à garantir les droits de l'homme et du citoyen, et que tôt ou tard la logique du système l'entraînera à restreindre les libertés de la presse, des réunions et associations, du suffrage, et par dessus tout les franchises locales. En effet, quand l'État dépasse la sphère de ses attributions légitimes et se constitue en opposition avec la société, il devient aussitôt un point de mire pour toutes les attaques, toutes les compétitions individuelles. La société et l'État vivent, pour ainsi dire, à l'état de guerre, aspirant à se dépouiller mutuellement de ce qu'ils considèrent comme une usurpation de leur souveraineté ? L'action de l'État contre la société provoque la réaction de la société contre l'État : ainsi, quand le pouvoir central s'annexe, comme des cités, conquises des groupes naturellement autonomes, des communes, des départements, il se crée autant d'ennemis impatients de secouer le joug. Cette résistance ne fait qu'exaspérer l'État qui se précipite dans la centralisation et la compression à outrance; mais les groupes se raidissent à leur tour, et le duel persiste, acharné, impitoyable jusqu'à épuisement des combattants.

On demande à un gouvernement fortement centralisé la liberté absolue de la pensée, le droit imprescriptible d'exprimer ses opinions ; or, peut-on exiger d'un homme menacé dans son existence même qu'il fasse abnégation complète de son droit de légitime défense, et se livre, pieds et poings liés, à la merci d'adversaires sans pitié ? Comment ! après avoir constitué un pouvoir souverain avec la mission de défendre, de conserver tous les intérêts sociaux, nous voudrions laisser ce pouvoir désarmé et impuissant en face des récriminations de tous les partis ? Un gouvernement supporte d'autant moins le contrôle du dehors, que ses attributions sont plus larges, sa sphère d'action plus étendue; qu'il embrasse dans ses rouages une plus grande partie de la nation; car alors la moindre attaque dirigée contre lui semble atteindre en même temps tous ceux qui en dépendent à un titre quelconque, la phalange innombrable des fonctionnaires dont la fortune se confond avec la sienne. La polémique de la presse n'en devient que plus acrimonieuse, car elle sait qu'ébranler un rouage quelconque de la machine gouvernementale, c'est préparer le renversement et la ruine de l'État tout entier.

De là, ce rôle purement critique et révolutionnaire de la presse française, qui, au lieu d'instruire, de moraliser, de travailler à l'éducation politique du peuple, ne tend qu'à miner sourdement tous les pouvoirs établis ; de là, cette attitude militante des partis, d'opposition quand même, où les questions de personnes, tiennent bien plus de place que la discussion des principes et des idées, où il s'agit bien moins de modifier la constitution du pouvoir, que de faire passer cette riche proie de l'État, cet énorme levier de la centralisation, aux mains d'une dynastie ou d'une faction rivale. On l'a dit avec raison : en France, le pays se coupe en deux ; Opposition et Gouvernement. Mais comment, M. Laboulaye, qui a émis cette maxime, n'y a-t-il pas vu une conséquence inévitable du système unitaire et centralisateur ? Comment n'a-t-il pas compris, que partout où le gouvernement s'efforce d'attirer dans sa compétence les affaires des individus et des groupes, l'unique objectif des partis est de se mettre à son lieu et place, et une fois au pouvoir, de perpétuer le système qu'ils flétrissaient dans l'opposition ?

Écoutons plutôt sur ce point les enseignements de l'histoire, si nous dédaignons ceux de la logique. Toutes nos constitutions depuis 89, s'engagaient à respecter la liberté de la presse et des réunions comme un droit imprescriptible, inaliénable, au-dessus des décisions de la majorité. Et bien, quel gouvernement, soit constitutionnel, soit républicain n'a pas senti le besoin de forger tout un arsenal de lois représsives contre la libre manifestation de la pensée humaine ? La Convention, le Directoire, le Consulat, l'Empire, la Restauration, la Monarchie de juillet par les fameuses lois de Septembre, la République de Février, le second Empire ont tous apporté leur contingent de mesures restrictives ; et l'incompatibilité du système, plus forte que la volonté de leurs hommes d'État, les a obligés de battre en brèche ces principes de 89 qu'ils octroyaient tous comme un don de joyeux avènement. Le droit de réunion a eu la même fortune que le droit de la pensée ; et sous la République troisièmetdu nom, les associations au-delà de vingt personnes ne peuvent encore se former sans l'autorisation du pouvoir central.

Il y a donc contradiction entre le système unitaire et le système de garanties pour l'indépendance civile et politique de l'individu inauguré par nos pères de 89. Nous ne deviendrons hommes et citoyens dans le vrai sens du mot, que si nous décentralisons, que si nous restituons leur vie propre, leur autonomie à tous les groupes naturels, que si nous créons l'individu libre, dans la famille libre, dans l'école libre, dans la commune libre, dans le département ou la province libre, dans l'État libre. Il faut en

finir avec ce système artificiel qui, suivant l'expression de
Lamennais, entretient l'apoplexie au centre, et la paraly-
sie aux extrémités ; qui, au lieu de distribuer la vie dans
toutes les veines du corps social, l'absorbe et la concentre
uniquement dans le cerveau.

Si la France n'a pas marché avec le siècle, si depuis 89
elle a semblé abdiquer sa mission civilisatrice, nous le
devons surtout à la centralisation, à l'unitarisme qui a ar-
rêté chez nous l'esprit d'initiative et de progrès. Or, l'éducation des sociétés humaines se fait surtout par l'expérience,
par la mise en œuvre des idées et des théories spéculatives.
Toutes les fois que le système politique entrave le développement des facultés individuelles, il y a malaise et crise dans
le corps social : car l'expérience est la vraie pierre de touche
des principes, et le seul moyen d'en vérifier la possibilité
pratique consiste à ouvrir le champ le plus large aux
essais des individus et des groupes.

Dans une société démocratique surtout, où l'énergie et
l'originalité personnelles risquent si fort de succomber
sous le despotisme de l'opinion publique, où l'égalité des
conditions tend à produire une certaine uniformité de vues
et de sentiments, il importe au plus haut point de susciter
des centres d'activité politique, d'encourager des types
variés d'organisation sociale, afin que chacun puisse s'instruire par comparaison, et se conformer aux fins générales
de la société, tout en les modifiant d'après les besoins et
les aspirations de son propre génie.

Un des dangers les plus graves de la centralisation est

de soumettre à une loi identique des groupes essentielle
ment divers de tempérament, de tendances et d'intérêts.
Car il n'y a point de nation, si une, si harmonique dans
toutes ses parties, qui ne se distingue par des nuances in-
finies, tenant soit à la nature du climat, soit à la tradition
héréditaire de la race, soit au système d'éducation. Ainsi,
quoi qu'en disent nos unitaires, un Parisien ne ressemble
guère chez nous à un Breton, pas plus qu'un habitant du
Languedoc ou de la Gascogne à un Bourguignon ou à un
Lorrain. Or, n'est-il point contraire à la raison et au simple
bon sens, d'imposer les mêmes pratiques de gouvernement
et d'administration à des populations professant un idéal
politique tout opposé, qui restent bien unis par le lien général de la nationalité, mais ne s'accordent pas sur les
plus importants problèmes de la vie sociale.

Comment espérer, par exemple, que la même organisation
de l'État puisse satisfaire à la fois les habitants des grandes
villes, Paris, Bordeaux, Lyon, Marseille et un paysan de
quelque village retiré de la Bretagne ou de l'Auvergne ?
Croit-on, qu'une commune urbaine n'exigera pas et ne sera
pas en droit d'exiger une plus grande autonomie, une plus
large part dans la gestion de ses affaires, qu'une bourgade
rurale où la majorité des habitants ignore même les éléments de l'instruction primaire ? Le système centralisateur
aboutit fatalement au despotisme de la masse ignorante sur
les minorités éclairées, à la suprématie des intérêts de
classe sur les intérêts de l'individu, et au triomphe de l'o-
chlocratie sur la démocratie.

Au moyen âge, les minorités opprimées pouvaient encore conserver une indépendance relative dans les corporations, communes et autres groupes qui avaient échappé à l'omnipotence royale ou seigneuriale ; mais de nos jours, où l'individu écrasé sous la force brutale du nombre, trouvera-t-il un refuge contre les empiètements du pouvoir central, s'il ne jouit d'aucune initiative dans les groupes les plus rapprochés de lui ? Car on aurait grand tort de croire que les pays de suffrage universel soient à l'abri du despotisme gouvernemental ; au contraire, l'action de l'État sur l'individu ne s'exerce nulle part avec une puissance si irrésistible, que dans les sociétés où la volonté de la majorité fait loi ; et, si la centralisation vient encore renforcer l'autorité légale, les libertés individuelles et collectives ne peuvent se flatter du lendemain.

L'idéal rationel et juridique de la démocratie voudrait que l'individu, maître de sa personne et de ses actes, subît le moins possible d'autre loi, que sa conscience. Or, dans un État unitaire, où toutes les souverainetés locales se confondent dans le pouvoir central, organe de la volonté générale, l'individu se trouve placé dans l'alternative d'accepter des institutions qui répugnent à sa conscience, ou d'invoquer le droit d'insurrection. Au contraire, avec le système fédératif et décentralisateur, les groupes conservent leur droit à se gouverner, à s'administrer, à se donner tel ensemble d'institutions qui conviennent le mieux au génie local. Comme il n'y a pas de lois identiques pour les diverses parties du territoire, sauf celles que les groupes ont

librement débattues et ratifiées, une collectivité d'individus
a toujours la faculté d'émigrer dans la province ou le département voisin, et d'éluder ainsi la tyrannie d'une majorité. Le droit d'insurrection perd alors toute raison d'être,
puisque le droit des minorités reçoit sa sanction, et le système fédératif réalise ce progrès essentiel de restreindre le
cercle des revendications violentes, de diminuer les cas
où l'individu serait tenté de défendre son droit par la
force.

IV

Avantages du système fédératif et décentralisateur au point de vue social et international.

Quiconque s'est rendu compte des *desiderata* de l'économie sociale moderne, de cette science qui tend à l'amélioration de la classe la plus nombreuse et la plus pauvre, à l'émancipation de la personne et du travail, comprend combien l'autonomie de la commune, du canton, du département, facilitera la solution du problème social.

En effet, si tout membre d'une communauté possède un droit moral au développement intégral de ses facultés, il s'en suit que ce droit ne peut périr et doit obtenir satisfaction à un degré quelconque de l'échelle sociale. L'individu incapable de se suffire à lui-même, de vivre en travaillant, a un recours formel vis-à-vis de la collectivité sociale, représentée par ses divers groupes.

Ce droit de l'individu engendre aussitôt un devoir

qui inccmbe d'abord au groupe le plus rapproché de l'individu, à la f mille, puis, s'il y a incapacité de ce côté, au gr upe subséquent, la commune, puis, en remon'ant successivement la hiérarch'e des obligés, au canton, au département, à l'Étar. Il y a là une question de responsabilité indivi luel'e encourue par ceux qui ont donné le jour à un être humain sans sa volonté, puis à leur défaut, par ceux qui lui tiennent de plus près par les liens du sang, et finalement, par ceux qui, en verfu du contrat social, lui ont promis aide et assistance mutuelles. Cette responsabilité ne saurait s'abdiquer ; cette série de contrats tacites ou positifs doit avoir une sanction, et l'étendue de l'obligation se mesure au degré de la responsabilité.

Ainsi, l'État formant le groupe le plus général et par suite le moins responsable vis-à-vis de l'individu, n'est que le dernier des obligés, et l'individu n'a d'action contre lui que dans le cas où tous les groupes inférieurs justifient de leur impuissance à acquitter la dette alimentaire et la dette d'éducation. De plus, dans une société logiquement constituée, l'État ne dispose que de moyens fort restreints ; son rôle se réduit, comme nous l'avons vu, à une simple police d'assurances pour le maintien des souverainetés et libertés locales, pour la gestion des intérêts tout à fait généraux. Où trouverait-il alors les ressources nécessaires pour subvenir aux besoins de tous les incapables.; et quand il y aurait crise économique, rupture d'équilibre entre l'offre et la demande de travail, comment ne succomberait-il pas sous la multiplicité de ses charges ?

C'est en cela que le droit à l'assistance, le droit au travail reconnus et sanctionnés par l'État, constituent une dangereuse utopie ; car l'État qui n'a, par lui-même, aucune réalité, aucune personnalité propre et ne produit, par conséquent, aucun travail, aucune utilité, devra nécessairement sortir de ses attributions et empiéter sur les travaux, sur les budgets des individus et des groupes qui seuls prennent part à la production et à la consommation. Pour faire face à ses engagements, l'État se voit obligé de concentrer le monopole du travail, de l'échange, du crédit, et on aboutit à cette étrange contradiction, que l'État enlève aux communes et aux départements la libre disposition de leurs capitaux pour les leur restituer ensuite sous forme de droit à l'assistance ou au travail.

Or, la centralisation économique entraîne les mêmes excès que la centralisation politique ; elle détruit, par la diminution de la concurrence, l'esprit de progrès et d'initiative dans le corps social, et, en retenant dans l'indivision des groupes de travailleurs que la nature des choses voudrait autonomes, elle entrave le jeu libre des forces économiques, le développement de la richesse nationale.

Les hommes de 48, grâce à leurs préjugés autoritaires, crurent assurer le maintien de la République par la double centralisation politique et économique. La souveraineté de trente-six millons d'individus condensée dans une Chambre unique et un président élu au suffrage universel, puis le travail national concentré dans des ateliers dont l'État aurait la surveillance suprême, tout cela fait partie d'un même système, d'une conception identique de la société. On sait ce qui advint de cette monomanie unitaire et centralisatrice ! La souveraineté du peuple tomba un jour entre les mains d'un audacieux aventurier qui n'eût guère de peine à l'escamoter, puisque sur toute l'étendue du territoire il n'y avait aucun groupe souverain et indépendant, aucun centre de résistance aux usurpations du pouvoir. La République résidant tout entière dans l'Assemblée législative devint aisément l'empire du lendemain ; on se contenta de disperser les représentants du peuple par la force les baïonnettes, de leur substituer la Chambre et le Sénat impériaux, puis de faire consacrer par un plébiscite la violation de la souveraineté populaire, et le tour fut joué.

De même, au point de vue économique, la majeure partie du travail national centralisée dans les ateliers de l'État attira à Paris une masse énorme de travailleurs qui, par suite de la stagnation des affaires industrielles et commerciales, ne pouvaient se procurer leur subsistance. Il se produisit alors sur un même point une demande considérable de travail, tandis que l'offre se restreignait en proportion ; car malgré sa bonne volonté, l'État ne pouvait entreprendre *motu proprio* et aux dépens des ressources locales, les travaux nécessaires à l'alimentation des ouvriers si imprudemment appelés à Paris. On leur avait promis le droit au travail, le droit à l'assistance ; on leur avait représenté l'État comme une sorte de Providence destinée à réaliser le bien-être universel, et on devenait impuissant à garantir ces droits : de là, mécontentements, haines sourdes, rancunes exaspérées

encore par l'oisiveté et les privations, contre ce gouvernement qui avait fait la révolution au nom du peuple et tra-
hissait ses engagements les plus formels ; de là, les funestes
journées de juin qui enveloppèrent dans une commune
ruine la révolution politique et la révolution sociale.

Et bien, se figure-t-on que la Révolution de 48 eût abouti
à un pareil avortement si les hommes du Gouvernement
provisoire, au lieu de recommencer les errements autoritaires et centralisateurs des régimes précédents, au lieu de
constituer la France en République une et indivisible,
avaient partagé, fragmenté les souverainetés populaires
en souverainetés partielles, en Etats libres et autonomes
dans leur domaine propre, qui se seraient garanti par un
pacte fédératif leurs franchises respectives ? Croit-on, par
exemple, que le coup d'État du 2 décembre eût eu si facile-
ment raison de la République, si la vie municipale et provinciale eût existé à quelque degré ; si les assemblées communales, cantonales et départementales eussent groupé
autour d'elles les citoyens restés fidèles à la cause des lois
et de la liberté ?

Et la question sociale qui vint tant compliquer la situation en 48, ne perdait-elle pas de sa redoutable gravité, si
les départements, les communes, eussent joui d'une autonomie, d'une liberté d'action qui leur permît de prendre
l'initiative des réformes sociales et de parer aux nécessités
urgentes de la crise économique ; si, au lieu de centraliser
dans la capitale la vie économique comme la vie politique,
on eût laissé aux communes le soin de fonder des établisse-

ments de charité, de favoriser la formation et le développement des sociétés de crédit, d'assurances, de coopération ?
Les ateliers nationaux étaient une conception chiméiique
du socialisme gouvernemental et autoritaire ; mais qui sait
si la constitution de Compagnies ouvrières pour l'exploita-
tion de grands travaux pub'ics, exigeant l'emploi de la
force collective et se prêtant davantage à la mise en œuvre
du principe d'association, tels que chemins de fer, mines,
routes départementales; qui sait si des ateliers communaux,
institués provisoirement en vue de recueillir les ouvriers
sans travail, sous la surveillance du maire ou de la com-
m'ssion exécutive de la commune n'eussent pas préparé la
so'ution pratique du socialisme rationnel ?

Mais on se défiait des tendances et des opinions des différents groupes ; on craignait qu'ils ne fissent preuve d'un
républicanisme ou trop tiède ou trop avancé, et sous cou-
leur de républicaniser le pays, on le maintenait sous la
tutelle et la direction officielle du pouvoir central. Si on
voulait faire une France libérale et démocratique, capable
de *self government*, il fallait au contraire fragmenter, décen-
raliser la vie politique et économique, permettre aux
groupes de s'organiser économiquement et socialement
suivant leurs affinités, leurs aptitudes, leurs intérêts propres.

Avec la province ou la commune souveraine et autonome,
les problèmes de l'économie sociale, d'éducation, d'impôt,
d'association entre le capital et le travail, deviennent relativement faciles à résoudre, par cette raison qu'ils ne don-

nent lieu qu'à des expériences partielles, dont le pays tou
entier n'assume pas la responsabilité. De plus, le cercle de
la commune ne dépassant jamais des limites restreintes, il
est moins malaisé de tenir un état exact des individus qui
y résident, de leur valeur morale, et de leurs titres à par-
ticiper des avantages de l'association civique. Quand par
exemple l'individu revendique le droit à l'assistance, la
communauté a le devoir de s'informer, par l'organe de ses
officiers publics, si le réclamant remplit les conditions requises, s'il est réellement incapable de travailler ou de se
procurer du travail par lui-même, si sa misère ne provient
pas de la paresse, de l'ivrognerie ou autres vices per-
sonnels.

Il peut y avoir ainsi dans la commune une enquête permanente, une police de l'opinion publique qui empêche
les fraudes et les abus de confiance, en développant le
sentiment de la responsabilité individuelle. Avant de de-
mander du pain ou du travail à ses concitoyens, il est
probable qu'un homme épuisera d'abord tous les moyens
légitimes de ne devoir sa subsistance qu'à ses propres
efforts ; si au contraire, l'État se fait le distributeur du travail et de l'assistance, l'individu hésitera bien moins à invoquer son appui, surtout en France, où l'on n'est que trop
porté à considérer l'État comme la propriété de tout le
monde, comme la corne d'abondance alimentée par tous,
où chacun doit trouver la pleine satisfaction de ses besoins.
Et puis, dans l'État, l'individu se perd bien plus aisément
que dans la commune ; comment, par exemple, les direc-

teurs des ateliers nationaux de 1848, pouvaient-ils constater l'honnêteté, la moralité des travailleurs et la légitimité de leurs revendications?

De même, si l'on veut organiser un système d'impôt basé non seulement sur la justice distributive mais aussi sur la justice réparative, qui ne se borne pas à imposer les membres de la communauté suivant leur faculté contributive, mais s'efforce de diminuer les inégalités sociales, par une répartition proportionnelle ou progressive des charges publiques, la commune n'est-elle pas le groupe qui offre le moins d'obstacles à la réalisation de ce système? En effet, pour établir l'impôt sur le revenu, il faut que le collecteur des taxes tienne un état exact de la fortune et des revenus des particuliers et déjoue les tentatives individuelles d'éluder le paiement de sa quote-part, en ne déclarant pas le montant de son revenu. La publicité est encore ici une garantie contre les fraudes, et on ne peut guère espérer obtenir cette publicité et ce contrôle dans un groupe plus étendu que la commune ou le département. De plus, dans la commune seule, les contribuables pourront exercer une surveillance sérieuse sur l'emploi de leurs fonds. La spécialisation de l'impôt cessera alors d'être un leurre, et l'on ne verra plus ces scandaleux virements, qui sacrifiaient tout les services publics à un seul contre la volonté des contribuables.

Dans le système fédératif et décentralisateur, la nomination des juges et fonctionnaires administratifs, doit aussi incomber aux différents groupes ou ils exerçent leurs fonctions. Ainsi de même que le conseil communal ou la collectivité des citoyens nomment leur maire et leurs officiers municipaux, de même, le conseil cantonnal élit son juge de paix, le conseil départemental l'administrateur du département et les juges des cours qui font partie du district départemental. Alors on possède la réalité pratique et effective de la démocratie ; alors la souveraineté du peuple, passe du domaine de l'abstraction dans celui des faits, et la justice, l'administration, émanent directement du peuple ou de ses représentants.

On sait aussi par expérience quel heureux effet a produit le régime de la décentralisation intellectuelle, des universités libres dans certains États de l'Europe, et du nouveau monde. Quand l'État intervient dans le choix des professeurs, il ne peut manquer de consulter ses intérêts propres et de créer, au lieu de travailleurs libres et des intéressés de la science, des fonctionnaires serviles, approbateurs quand même de sa politique. En outre les communes ou départements apprennent à se dépouiller de toute initiative dans les questions vitales de l'éducation et de l'enseignement public ; en matière d'enseignement comme en tout le reste, elles subissent le bon plaisir du pouvoir central et se laissent imposer par l'État des fonctionnaires étrangers qui n'ayant aucune attache avec la localité risquent fort de blesser les mœurs et les habitudes indigènes.

Avec une université d'État, l'enseignement s'immobilise et se perd dans la routine ; c'est l'uniformité, l'unité, sans la variété ; c'est ce système irrationnel et illibéral qui impose un programme collectif à tous les établissements universitaires et exige que tous les professeurs enseignent la même doctrine à la même heure, d'après le formulaire officiel du gouvernement. Système excellent pour développer à la fois, dans une nation, l'esprit de soumission jusqu'à la servilité, et l'indiscipline jusqu'à la révolte, pour faire des sujets ou des rebelles, mais incapable d'assouplir la jeunesse à ces mœurs fortes et viriles, à cet esprit de contrôle sur soi même, d'indépendance intellectuelle et morale qui crée seul les libres citoyens de la démocratie.

On ne saurait donc nier les avantages du système fédératif sur l'unitarisme centralisateur au point de vue du progrès politique et social. Par la variété, la mobilité, la souplesse de ses formes, la fédération se prête aux essais, aux expériences de la science politique et sociale, tandis que par son principe même, l'unitarisme s'immobilise dans la routine et le *statu quo*. Ce n'est point seulement l'unique système rationnel et juridique, mais aussi le plus utilitaire, le mieux approprié aux fins générales de la société, soit qu'on les place dans l'harmonie des droits individuels ou dans la plus grande somme possible de bonheur pour les êtres sentants.

Il nous reste maintenant à démontrer la supériorité du système fédératif au point de vue des rapports internationaux. Une des objections les plus accréditées contre ce système est son impuissance à maintenir le lien de l'unité nationale, à préserver un peuple des entreprises et des attaques de ses voisins. Nous avons ainsi en France tout un bagage de préjugés, qui à force de s'affirmer, ont fini par se convaincre de leur légitimité : il en est du système fédératif comme de l'instruction obligatoire et de l'amovibilité de la magistrature, et nous y verrons longtemps encore une atteinte à l'unité nationale, à la liberté du père de famille, à la dignité et à l'indépendance du magistrat, en dépit des leçons de la logique et de l'histoire.

Il faudrait pourtant s'entendre sur ce mot de nationalité. Ne veut-on signaler par là qu'un amalgame de populations plus ou moins homogènes, unies par un lien tout extérieur, par la volonté despotique d'un monarque ou d'une Assemblée; ou bien la fusion intime des diverses branches d'un peuple en un tronçon unique, jointe à leur volonté expresse de lui appartenir ? La France se réduit-elle à une abstraction, à une collectivité indivise ? possède-t-elle une existence propre en dehors de ses divers groupes constitutifs ? ou bien ne forme-t-elle une nationalité, qu'autant que les souverainetés locales comme la Bretagne, le Langeudoc, la Gascogne, la Bourgogne, manifestent leur volonté de faire partie du groupe national, et s'engagent par un pacte de garantie mutuelle à se défendre contre toute atteinte venue du dehors. Dans ce contrat réside toute la valeur juridique et morale du principe des nationalités ; contrat révocable à la volonté des parties contractantes dont chacune conserve la faculté de rompre le pacte national. Tout autre système de gouvernement que l'État républicain fédératif contredit donc et dénature la notion même de nationalité, puisqu'il la fonde sur des principes contingents et empiriques, sur des affinités matérielles de race, de mœurs, de langage, et non sur le principe rationnel de la volonté librement exprimée des populations.

L'histoire nous montre parmi les fédérations anciennes ou modernes, dans la Grèce, la Hollande, les États-Unis ou la Suisse les peuples les p us jaloux de leur indépendance, les plus patriotes et les plus disposés à faire respecter leur nationalité. Et celà s'explique sans peine : car la patrie ne consiste pas seulement dans le lopin de terre plus ou moins étendu que possède chaque membre de la communauté, mais dans les idées morales de solidarité, d'association fraternelle entre les branches d'un même peuple et de plus dans les sentiments de dignité, de fierté unique que suscite chez des êtres libres la pratique constante de la liberté. Le développement libéral d'une nation est le plus sûr *criterium* de son patriotisme : plus elle jouira dans ses divers groupes du *self government*, plus les franchises individuelles et collectives y auront reçu d'extension, et plus on la trouvera prompte à combattre pour l'intégrité du territoire, pour le maintien de ses lois. Ici, l'individu ne se sacrifie pas à cet être abstrait et fictif appelé l'État, dont il a ressenti plus souvent la tyrannie que la protection, mais à ces droits qu'il exerce tous les jours dans le cercle de la commune ou du département, à cet ensemble de pratiques et d'institutions libres en qui s'incarne l'image vivante de la patrie.

La patrie en danger fait a'ors appel aux côtés les plus

élevés, comme les plus vu'gaires de la nature hnmaine, et suscite un patriolisme à la fois moral et utilitaire, qui ne peut qu'imprimer à la résistance un caractère d'énergie et de ténac té extrême. Comme l'a si bien dit Tocqueville : « L'esprit public de l'union aux États-Unis, n'est en quelque sorte lui-même qu'un résumé du patriotisme provincial. Chaque citoyen transporte pour ainsi-dire l'intérêt que lui inspire sa petite république dans l'amour de la patrie commune. En défendant l'union il défend la prospérité croissante de son canton, le droit d'en diriger les affaires et l'espérance de faire prévaloir des plans d'amélioration qui doivent l'enrichir lui-même : Toutes choses qui d'ordinaire touchent plus les hommes que les intérêts gènéraux du pays, et la gloire de la nation. »

De plus il ne peut manquer de se produire une salutaire émulation entre les diverses parties du pays : car chacun sait qu'il ne protège pas seulement ses foyers mais ceux d'autrui, les libertés de sa commune ou de son département, mais celles des communes et départements voisins, et qu'en vertu du pacte fédératif, l'aide fraternelle de ses confédérés ne le trahira point dans la lutte. Personne ne veut rester en arrière dans la sauvegarde de ce patrimoine commun, chaque groupe collectif aspire à se distinguer par sa bravoure, par son esprit d'abnégation et de sacrifice et jusque dans l'œuvre de la défense nationale on retrouve les originalités locales, les diversités de tempérament et de caractère.

L'unitarisme centralisateur ne peut suppléer à cette initiative, à cette spontanéité des individus et des groupes, que par une organisation militaire très forte, par une discipline inexorab'e et lorsque cette organisation vient à faire défaut, cette discip'ine à se relacher, la nation est livrée à la merci de ses ennemis. Où en trouver un exemple plus frappant que dans nos récents désastres militaires? Notre système militaire était excellent pour maintenir le despotisme à l'intérieur, pour comprimer les aspirations libérales de la nation et protéger les gouvernants contre les gouvernés, mais il ne valait rien pour tenir tête à un peuple entier, en armes, chez qui l'organisation décup'ait le patriotisme. Notre armée ne faisait que refléter l'organisation politique et sociale du pays. Chez nous l'unitarisme se retrouvait à tous les échelons : nous avions des finances, un clergé, une instruction d'État, nous devions donc avoir une armée d'État : et quand cette armée eût succombé, quand ce rouage de la machine fût brisé, tout le mécanisme cessa de fonctionner. Nous essayâmes bien de continuer la lutte avec les forces vives de la nation, mais il ne se fait pas de miracle en politique ; et, de même qu'un infirme ne recouvre pas d'un seul coup la liberté de ses mouvements, de même une nation habituée à considérer son salut comme l'affaire exclusive du gouvernement, n'apprend pas en un jour à agir et à se sauver par elle même.

Si jamais l'impuissance, la nullité vide et creuse de notre système politique, éclata à tous les yeux ce fût au lendemain de nos premières défaites où l'on vit ce colosse aux

pieds d'argile, qui avait nom l'empire, s'effondrer sur lui-
même et entraîner dans sa chute le destin d'une grande
nation. C'est que la fortune des sociétés unitaires et centralisatrices reste indissolublement liée à celle de leur gou.
vernement : ce dernier fonctionne-t-il tant bien que mal,
le corps social revêt une apparence mensongère de prospérité et de bien-être ; mais au moindre dérangement dans
les rouages de la machine gouvernementale, tout l'organisme s'en ressent, absolument comme les troubles du
cerveau affectent la constitution physiologique de l'indi
vidu ; et, lorsque les circonstances exigeraient d'énergiques
ressorts de volonté et d'action, la société en poussière ne se
compose plus que de forces inertes et passives, incapables
de diriger leurs efforts vers un but commun.

On n'a donc pas le droit d'affirmer que le système fédératif détruit ou affaiblit l'unité nationale. La logique et
l'histoire protestent contre un pareil sophisme : la logique,
en nous prouvant combien la possession des franchises
locales prépare les individus à la défense de la liberté
générale ; l'histoire, en témoignant de la puissance et de la
vivacité du sentiment patriotique chez les peuples où le
lien général de la nationalité n'exclut pas la diversité des
institutions, où la patr'e une et indivisible consiste dans la
fédération, dans l'union librement consentie et débattue
des souverainetés particulières.

CHAPITRE V.

Plan général d'une organisation fédérative de la France. Conclusion,

Nous avons accompli la première partie de notre tâche qui était de mettre en relief les mérites à la fois théoriques et pratiques du système fédératif. Il nous faut maintenant étudier les voies et moyens d'adopter ce système à notre milieu politique et social. Car ici, comme dans toutes les questions de politique pratique, il ne suffit pas de dégager la supériorité du principe, mais de déterminer dans quelle mesure le passé historique, le caractère et les mœurs du peuple en permettent la réalisation. Ainsi ne serait-il pas chimérique d'espérer qu'une nation, chez qui l'unitarisme centralisateur, l'absorption des libertés locales par le pouvoir central a été pendant des siècles la loi générale, passera subitement au régime de la décentralisation absolue, de l'autonomie complète des individus et des groupes, du *self government* dans toute l'acception du mot? On ne brise pas la chaîne des temps par la raison que le passé est père du présent qui est lui-même père de l'avenir ; et, si l'on voulait brusquer ainsi l'avènement naturel du principe, on ne ferait qu'en compromettre l'autorité. Les idées les plus justes et les plus rationelles peuvent produire, dans la pratique, des résultats tout contraires à ceux qu'on en attendait, si le milieu n'est pas mûr pour les recevoir, pour en comprendre la valeur, ou bien encore s'il ne possède aucune des qualités requises pour la mise en œuvre de ces idées.

Il faut deux conditions essentielles pour qu'un système politique ait chance de s'acclimater dans une nation : 1° qu'il soit compris et voulu de la majorité des individus ; 2° qu'il ne soit pas en contradiction directe avec les habitudes d'esprit, le caractère et les mœurs nationales. Or, nous savons déjà si la France actuelle satisfait à ces deux conditions. D'abord, par la complexité même de sa nature, l'idée de fédération n'est encore analysée que d'une faible minorité ; beaucoup n'y voient, même dans le camp libéral, qu'un principe moralement et juridiquement inférieur à l'idée unitaire, et il reste à accomplir ici tout un travail préparatoire de libre discussion, de propagande pacifique, avant de s'occuper de la réalisation pratique du principe. De plus, en suivant dans notre histoire le développement du principe unitaire et centralisateur, nous avons pu nous convaincre combien la tradition historique nous avait peu initiés au *self government* ; nous sommes un peu comme des enfants, qui, tenus en tutelle jusqu'à l'âge de leur majorité, ne savent que faire de leur liberté nouvellement octroyée, et s'en débarrasseraient volontiers, comme d'un fardeau importun.

Nous ne saurions donc adopter l'opinion de certains partisans d'une décentralisation à outrance qui voudraient transformer la France *ex abrupto* en une vaste fédération de communes. Il semble, en effet, que la Commune formant le groupe le plus voisin de l'individu et, par suite, le plus chargé d'attributions, dût constituer la base du futur système fédératif. Ce serait strictement logique, mais serait-ce praticable au même degré ? et n'aboutirait-on pas ainsi à un émiettement, à un morcellement complet de la nationalité ? On doit se garder de confondre la décentralisation avec la désorganisation, l'autonomie des groupes avec leur dissolution. Nous n'avons adopté le principe fédératif que comme gage d'une unité plus vraie, plus naturelle, plus féconde, précisément parce qu'il maintient l'indépendance des parties dans la cohésion de l'ensemble ; mais il ne faut pas que l'organisation du système aille contre sa propre fin, et, que sous prétexte de conjurer le despotisme de l'unité, on reconstitue celui de la pluralité.

L'individualisme est en soi un excellent principe ; mais, comme toute idée politique, il demande une réglementation, une limitation, du moment où il passe de l'abstraction dans les faits. Que les individus, que les groupes jouissent de la plus grande somme d'autonomie, nous n'y voyons aucun inconvénient, pourvu, toutefois, que cette autonomie ne rende pas impossible l'existence de toute force collective, de tout organe représentatif des volontés particulières.

Car, une des conditions essentielles à la conservation des sociétés politiques est la permanence de ce lien général de la nationalité, de cette union organique des souverainetés individuelles, et on peut dire que la grandeur des peuples s'est toujours mesurée, dans l'histoire, à la force et à l'indissolubilité de ce lien. Les unitaires estiment que la centralisation en favorise le maintien; nous croyons, au contraire, d'après des raisons d'ordre logique et historique, que l'État fédératif sagement pratiqué inculque aux peuples un sentiment plus vivace de leurs devoirs envers la communauté en associant intimement l'intérêt personnel au bien général.

Nous différons moins sur le fond de la question, sur le but à atteindre, que sur les moyens de le réaliser. Mais, en aucun cas, nous ne concevons la possibilité pratique d'une fédération, si les divers groupes souverains ne présentent pas une certaine étendue territoriale, une certaine importance industrielle, commerciale ou intellectuelle, en même temps qu'une égalité relative dans la distribution de ces avantages; car le nombre restreint des groupes facilitera l'établissement de l'autorité fédérale chargée de faire respecter les souverainetés respectives; puis des groupes égaux, ou relativement égaux, s'entendront plus aisément sur la somme de services mutuels dont le pacte fédératif doit leur assurer la garantie. Le contrat de fédération étant, nous l'avons vu, un contrat essentiellement commutatif, il importe que les bases de l'échange soient à peu près identiques, que chaque groupe apporte dans l'association une mise de fonds ni trop inférieure, ni trop supérieure à celle de son confédéré.

Or, je le demande, la Commune, telle qu'elle existe en France, offre-t-elle un fondement sérieux à un pareil contrat? Elle ne remplit aucune des conditions mentionnées plus haut. D'une part, le nombre des communes est beaucoup trop considérable. Pour faire accepter une fédération de 36,000 communes, il faudrait, au préalable, les réunir par groupes, limitation tout à fait artificielle et arbitraire qui se heurterait à des obstacles materiels et risquerait fort de choquer les besoins et les sentiments des populations. D'autre part, comment créer des rapports fédéraux entre des groupes si inégaux en force numérique, si divergents de tendances, d'intérêts, d'opinions que nos communes urbaines et rurales!

Réunira-t-on, par exemple, dans le même faisceau fédéral une cité de 100 ou 200,000 âmes, comme Bordeaux, Lyon, Marseille, et telle ou telle bourgade de 500 ou 600 âmes? On comprendrait encore la fédération des grandes villes, des communes urbaines qui, entrant dans le pacte avec un apport à peu près égal, n'auraient guère de peine à s'accorder sur les clauses du contrat. En ce cas, que deviendraient les communes rurales? Elles se fédéreraient entre elles? Mais on aurait alors deux États dans l'État, deux puissances ennemies qui ne manqueraient pas de se liguer l'une contre l'autre; deux gouvernements, celui des villes et celui des campagnes, constitués en opposition avec l'arrière-pensée de se supplanter, et le pays s'abîmerait bien vite dans les convulsions de la guerre civile.

Toute organisation politique de la France sur le principe de la fédération communale demeure donc une utopie chimérique, et il faut chercher dans un cercle moins restreint le groupe générateur de l'édifice fédératif. Sera-ce le canton? mais le canton présente les mêmes inconvénients que la commune. Le nombre des cantons et l'inégalité entre les divers groupes cantonaux sont encore bien trop considérables. Sera-ce le département? Ici, du moins, nous rencontrons une division qui a le mérite d'exister depuis près d'un siècle; qui, sans correspondre à une unité bien naturelle, a déjà créé, par l'usage, des habitudes, des intérêts communs. Il y a moins d'inégalité entre les groupes départementaux qu'entre les groupes communaux ou cantonaux; presque tous nos départements contiennent une capitale, un chef-lieu plus ou moins important par le nombre, par le développement intellectuel de ses habitants qui pourrait servir de centre de ralliement à la fédération. Leur étendue territoriale n'est pas identique, mais chacun d'eux suffit à constituer un groupe qui a sa physionomie, sa personnalité propre, et représente une partie de la nation.

Toutefois, le nombre des départements n'est-il pas encore trop considérable, et 89 États souverains jouissant de leur complète autonomie politique et administrative, ne menaceront-ils pas l'existence du lien fédéral? N'oublions pas que dans l'État fédératif il faut toujours réserver une certaine liberté d'action à l'autorité fédérale : liberté restreinte, je le veux bien, mais qui, dans sa sphère, veut s'exercer sans entraves. Or, cette autorité aura-t-elle le pouvoir de faire respecter ses décisions, et ne faut-il point redouter des tentatives sécessionistes au sein d'un pays qui, comme la France, se montrera d'autant p'us jaloux de son indépendance qu'il en a été plus longtemps dépouillé ?

Le département ne peut donc nous servir de point de départ, d'unité fondamentale de notre système fédératif ; dès lors, nous n'avons plus le choix qu'entre deux procédés : le groupement naturel par provinces, tel qu'il existait avant 89, et la reconstitution des anciennes provinces abolies par la Constituante. Nous ne nous dissimulons pas les objections que soulève ce procédé. D'abord, ces provinces ont cessé d'exister, et avec elles ont disparu, jusqu'à un certain point, les individualités, les originalités locales dont elles étaient l'expression. Le particularisme, l'esprit de clocher n'est point mort en France ; on le retrouve dans les mœurs, dans les coutumes des populations, où il a su échapper au niveau brutal de la centralisation et de la bureaucratie.

Il s'agit aujourd'hui de réveiller cet esprit de clocher, partout où il sommeille ; de lui rendre la conscience de lui-même, et de former des cadres, des espaces libres où il puisse se développer en toute spontanéité. Pour avoir une France une et indivisible, nous devons refaire une France diverse et multiple ; pour retrouver l'unité et l'harmonie, nous devons créer la variété et la diversité. Si les anciennes provinces ne nous paraissent plus corrrespondre aux types de notre individualité nationale, si elles forment des cadres ou trop étendus ou trop restreints, substituons-leur

de nouvelles divisions plus conformes à la nature des choses. Il ne serait pas impossible de grouper entre eux les départements actuels suivant les affinités de configuration
géographique, d'intérêt matériel ou moral, et d'en former
un certain nombre d'États indépendants et souverains qui se
garantira'ent par un pacte fédératif la jouissance des franchises municipales et régiona'es, et éliraient une autorité
fédérale à l'effet de sanctionner légalement ce pacte. La
France serait ainsi partagée en 20 ou 30 groupes, au maxi-
mum, et la souveraineté nationale répartie entre 20 ou 30
souverainetés particulières, qui se constitueraie nt sur le[s]
bases du *self government*, c'est-à-dire réserveraient à tous les
groupes inférieurs, département, commune, canton, la plus
grande autonomie possible.

Dès lors il n'y aurait plus matière à révolution, puisque
chaque groupe jouirait, dans sa sphère, de l'indépendance
de ses mouvements et ne relèverait d'aucune loi que de la
sienne propre ; puisque tout ce qui est d'intérêt individuel
compèterait à l'individu, tout ce qui est d'intérêt communal, à la commune, d'intérêt provincial, à la province, d'intérêt national, à la nation. Ce serait l'ordre résultant de
l'organisation naturelle et non de la combinaison plus ou
moins artificielle des forces sociales ; ce serait la fin des
aventuriers, des sauveurs providentiels qui rêvent de pétrir
la société d'après leurs plans chimériques ; désormais, la
société travaillerait elle-même à son salut et à la réalisation
progressive de ces harmonies économiques et sociales que
nous promet l'avenir.

Mais ici, une grave question se présente. A qui doit incomber la mission de délimiter ces groupes provinciaux ou régionaux, de fédérer les États constitutifs de la nationalité française ? Est-ce à l'autorité gouvernementale, au pouvoir exécutif? Non : car d'après les principes du droit contractuel exposés au début de cette étude, le contrat de fédération ne peut être débattu et consenti que par les groupes eux-mêmes ou leurs représentants. Rappelons-nous, que dans le système fédératif, le gouvernement n'est point une autorité constituée extérieurement à la société, mais une simple agence établie par les groupes eux mêmes pour l'exécution de certains services dont ils se désaisissent volontairement. Les représentants des régions ou provinces, élus au suffrage universel direct et au scrutin individuel, se réuniraient donc en Assemblée ou convention nationale. On aurait alors ce que devait être la constituante de 89, une réunion de députés fédéraux, contractant au nom de la souveraineté de leurs commettants et de leurs groupes respectifs. Les termes du contrat fédératif une fois discutés et débattus, on délimiterait à l'amiable le domaine de l'autorité fédérale, la part de liberté et d'initiative que les États se réservent, et celle qu'ils conviennent d'abandonner au pouvoir central comme extension de garantie, comme accroissement de protection pour leurs franchises particulières.

Il reste bien entendu que cette représentation des provinces ne serait point indivise, mais refléterait aussi exactement que possible toutes les nuances d'opinion, toutes les diversités d'intérêt et de tendances, en un mot, toutes les divergences du suffrage universel ; que, par exemple, les villes, les communes importantes, chaque groupe qui constitue à lui seul une physionomie propre, une personne morale, y obtiendrait un nombre de représentants proportionnel à son importance numérique, avec la mission de soutenir spécialement ses idées et ses intérêts dans le Conseil fédéral. A cette condition *sine qua non*, le contrat de fédération aurait un caractère de validité et interdirait toute revendication ultérieure des minorités. Car, pour que ce contrat ait force de loi, il ne doit laisser en dehors du pacte aucune des parties contractantes, aucun des individus ou des groupes qui entrent dans l'association civique. Tous les groupes ayant été appelés à débattre *manu propria*, ou, par l'intermédiaire de leurs représentants, les clauses du contrat, en acceptent positivement la teneur, et cesseraient de faire honneur à leur signature, s'ils en déclinaient les obligations.

Voilà précisément en quoi le système des contrats, des conventions réciproques, se rapproche bien plus de l'idéal démocratique que le système des constitutions. Quand l'universalité des citoyens participe à la formation de la loi et appose individuellement sa signature au bas du traité qui règle les rapports solidaires des membres d'une même communauté, l'autorité de la loi ne souffre plus discussion ; c'est réellement le domaine de la majesté, de l'inviolabilité. Tout ce qu'on peut exiger d'elle c'est qu'elle n'affecte pas des formes éternelles et imperfectibles ; c'est qu'elle subisse, comme toutes les institutions humaines, le principe du développement progressif, et ne prétende pas disposer sans leur volonté des générations qui ne sont point encore liées par le pacte actuel ; mais hors de là elle a droit à une soumission absolue, puisqu'elle n'est que l'organe impersonnel de la volonté universelle, puisqu'elle commande non plus seulement au nom de la majorité, mais de l'unanimité, et que, selon la définition de Rousseau, « chacun en obéissant à tous, n'obéit qu'à lui-même et reste aussi libre qu'auparavant ».

Le contrat fédératif doit donc stipuler expressément la faculté pour les États souverains de réviser et de perfectionner leur constitution ; peut-être même serait-il bon d'y introduire cette clause si libérale de la constitution fédérale Suisse : à savoir que les différents groupes ne pourront modifier leur pacte politique que dans le sens de la liberté et du progrès, et que l'autorité fédérale pourrait opposer son véto à toute tentative rétrograde et réactionnaire.

L'autorité fédérale se composerait d'une Chambre législative et d'une commission exécutive, élue pour un temps illimité et toujours révocable par les mandataires de la nation. Ce système exclut toute idée de Président de la République, de chef élu du peuple. En fait de souverain, il n'y a que la nation dont la souveraineté s'exerce successivement dans tous les groupes collectifs, dans la province, le département, le canton ; la commune aussi bien que dans l'État. Le chef du pouvoir exécutif et ses ministres ne sont que les délégués des représentants du peuple ; ils ne forment point un pouvoir distinct ; mais pour simplifier la besogne, pour dédoubler des fonctions qu'une assemblée serait impuissante à cumuler, elle leur confie la délégation exécutive, tandis que la délégation législative incombe spécialement au corps des représentauts. Il n'y a point là, comme on le dit généralement, séparation des pouvoirs, car dans l'État républicain fédératif, le pouvoir demeure un et indivisible entre les mains de la collectivité sociale ou de ses représentants ; mais simplement séparation des fonctions, division du travail politique.

Quant aux attributions de l'autorité fédérale, elles ne sauraient dépasser la sphére délimitée par les représentants des États souverains dans le pacte fédératif. N'oublions pas que le système fédératif se fonde sur la limitation de l'État par les groupes, à l'encontre du système unitaire qui veut la limitation des groupes par l'État : dans le premier cas, c'est la liberté qui s'impose volontairement la somme d'autorité nécessaire à sa conservation ; dans le second, c'est l'autorité qui dit à la liberté : « Tu n'iras pas plus loin. » Au point de vue pratique la compétence de l'autorité fédérale ne s'étendra qu'aux questions d'intérêt tout à fait général, telles que la défense nationale, les affaires étrangères, les grands travaux d'utilité nationale, et le budget que nécessite la gestion de ces différents ser-vices.

Tous les autres services publics, comme l'instruction, les cultes, les travaux publics, le commerce et l'agriculture devront revenir à l'initiative individuelle et collective des citoyens, dans la province, le département, la commune. C'est là le domaine propre de la décentralisation, et, sur tous ces points, les souverainetés locales devront se réserver la plus large liberté d'action, et leurs attributions dépasser en nombre et en étendue celles de l'autorité fédérale. Car le système fédératif ne se propose point seulement la décentralisation administrative, mais po'itique économique, intellectuelle, religieuse : non qu'il méconnaisse les avantages de la force collective et de l'association, mais il prétend laisser aux individus et aux groupes la prérogative de concéder à l'autorité centrale cette part de pouvoir qu'ils se sentent incapables d'utiliser par leurs seuls efforts.

Du reste, la constitution po'itique des États se raprochera de celle de l'autorité fèdérale : une Chambre élue au suffrage universel et au scrutin individuel, suivant le mode de votation le plus favorable à la représentation des minorités ; puis une commission exécutive chargée de faire exécuter les delibérations de l'Assemblée. Seulement le besoin se fait ici sentir d'uu nouveau rouage dans le mécanisme gouvernemental : afin de maintenir le lien fédéral qui doit relier les États souverains au pouvoir central, une sorte de commissaire sera attaché à chaque État, avec la mission d'en référer à l'autorité fédérale, si les lois des législatures provinciales ou communales violaient les clauses du pacte fédératif. Les fonctions de ce commissaire se réduiraient à un rôle de surveillance et de contrôle ; il ne serait investi par lui-même d'aucun pouvoir, et ne pourrait en aucun cas s'immiscer *motu proprio* dans les affaires des États sans le mandat supérieur de l'autorité fédérale. Simple délégué du pouvoir central auprès des gouvernements particuliers, il lui resterait toujours subordonné, élu pour un temps illimité et toujours révocable comme le chef de l'éxécutif national.

Quant aux attributions des États, elles embrasseraient toutes les matières législatives et administratives qui n'incombent pas spécialement à l'autorité fédérale. Chaque État pourrait prendre l'initiative de réformes économiques et sociales, en tant qu'elles se conforment aux conditions du pacte, et s'entendre même avec les États voisins pour l'exécution de certains travaux, pour l'adoption de certaines mesures d'intérêt commun. Les groupes inférieurs à l'État, le département, le canton, la commune, doivent se soumettre aux lois votées par la législature de l'État dont ils dépendent ; mais, de même que l'autorité fédérale n'absorbe pas l'autonomie de l'État, de même l'État doit respecter la souveraineté relative des groupes inférieurs.

Les départements, cantons, communes, resteront souverains dans la manière d'exécuter les lois de l'État et dans toutes les questions d'administration locale. La commune surtout, en sa qualité de groupe le plus voisin de l'individu, devra conserver au sein de la fédération provinciale une grande indépendance de mouvements. Elle disposera librement de son budget, de sa police, de ses écoles, de ses propriétés et revenus. Elle nommera et révoquera ses officier

municipaux sans aucune intervention des groupes supé-
rieurs, pas plus de l'État provincial que de l'autorité fédérale ; elle fera lever par ses assesseurs les taxes destinées à
alimenter le budget provincial et national. Elle discutera
publiquement ses intérêts dans les séances du conseil
communal ; en un mot, elle tendra à réaliser cet idéal de
la commune américaine que Tocqueville a esquissé en ces
traits si frappants : « Les institutions communales sont à
la liberté ce que les écoles primaires sont à la science :
elles la mettent à la portée du peuple et l'habituent à s'en
servir. Sans institutions communales, une nation peut se
donner un gouvernement libre, mais elle n'a pas l'esprit
de la liberté. »

Ce système fait de la commune le pivot de la décentralisation administrative, comme de la province celui de
la décentralisation politique ; et cette différence se justifie logiquement, parceque la commune ne forme pas un groupe
assez étendu, assez compacte, embrassant des intérêts assez
généraux pour revendiquer le pouvoir législatif et judiciaire, tandis que, dans la sphère administrative, dans la gestion
des affaires relatives à l'association communale, elle est
apte à exercer une souveraineté absolue. La province, au
contraire, par l'étendue territoriale, par la généralité des
intérêts qui lui compètent, représente un véritable centre
politique, et à ce titre, elle doit exercer le pouvoir d'un véritable État, se donner des lois, nommer les fonctionnaires de l'ordre judiciaire , mais empiéter le moins possible
sur le domaine de l'administration proprement dite.

Avec la commune nous avons atteint le dernier des groupes qui constituent l'État fédératif, et il nous faut maintenant jeter un regard d'ensemble sur tout le systéme. A la base, deux centres principaux d'où rayonne la vie politique et administrative : 1º L'État provincial ou régional investi de la souveraineté législative ; 2º la commune représentant de la souveraineté administrative. Comme intermédiaire entre ces deux groupes, le canton et le département, puis au sommet, l'autorité fédérale constituée non en pouvoir souverain, supérieur aux groupes qui lui ont donné naissance, mais en fonction subordonnée, spécialement affectée au maintien du pacte fédératif. Le principe qui régit la distribution du pouvoir revêt un caractère identique dans les différents groupes. C'est le principe de la souveraineté populaire, exercée par des représentants élus au suffrage universel et au scrutin individuel qui se constituent en assemblées communales, cantonales, départementales, provinciales et nationales. Dans chacun de ces groupes la chambre élective est unique, pour ne pas déroger au principe de l'unité démocratique et éviter les conflits de pouvoir entre deux corps élus par le même mode de scrutin. En cela, la fédération française se séparerait de la fédération américaine et adopterait l'unité de représentation comme plus conforme à son genie, à ses habitudes d'esprit et à ses traditions historiques. Le pouvoir exécutif exercé par une commission, dépend exclusivement du conseil électif dans la commune, comme dans la province ou l'Union. Il n'est que l'agent, que l'exécuteur temporaire et révocable de ses volontés. Dans l'État seulement, outre l'exécutif provincial, il y a un délégué de l'autorité fédérale.

On obtient ainsi une véritable démocratie représentative et le pays se trouve représenté sous tous ses aspects, à tous les degrès de l'échelle politique. On possède comme le demandait A. Thierry, la représentation des communes, celle des cantons, des départements, provinces, et pour tête de la représentation, pour couronnement de l'édifice, celle du pays tout entier dans le conseil fédéral. Grâce à cette division du travail politique et administratif, la souveraineté du peuple passe du domaine de l'abstraction dans celui de la réalité pratique. L'individu est souverain, non plus seulement de nom, mais de fait et cela dans tous les groupes, dans la commune, le canton, le département, la province, l'État. C'est bien le même peuple qui produit, travaille, et en même temps légifère, juge, administre, sinon directement, du moins par ses représentants, et on se rapproche ainsi le plus possible de la vérité démocratique, je veux dire l'identité entre les gouvernants et les gouvernés, entre l'État et la société.

De plus, ce système permet de diriger l'éducation politique de l'individu, comme l'éducation intellectuelle et morale, d'après la loi du développement progressif. L'individu commence l'apprentissage de ses droits et de ses devoirs dans les groupes inférieurs et, à mesure qu'il parcourt la hiérarchie des groupes politiques et administratifs, son esprit s'initie à l'étude de questions plus larges et plus élevées.

L'éducation du citoyen deveindrait alors une œuvre personnelle ; l'intelligence a et l'amour de la liberté le fruit
d'une série de labeurs et d'efforts, une véritable conquête
morale. Nous comprendrions alors qu'on naît homme mais
qu'on devient citoyen, et nous ne verrions plus les institutions donner la liberté dans les grandes choses et la refuser
dans les petites, consulter les individus sur les problèmes
les plus graves et les plus compliqués de la science politique, et dénier leur compétence dans la question des intérêts communaux; les considérer comme citoyens dans
l'État et comme mineurs dans la commune, leur octroyer
d'une main le choix du chef suprême de l'État et leur en-
lever de l'autre le droit d'élire leur magistrat municipal.

On se plaint beaucoup en France de l'affaiblissement du
principe d'autorité et on n'hésite pas à lui attribuer tous
nos malheurs. Combien ne devrait-on pas plutôt déplorer
l'inintelligence générale du principe de liberté et des pratiques du *self government* La véritable cause de notre décadence est que nous répudions le principe d'autorité sans
accepter pleinement celui de liberté; que nous ne voulons
plus d'absolutisme, de pouvoir personnel, et que par les
lacunes de notre éducation, de notre tradition historique,
nous ne comprenons pas encore les conditions inhérentes
à la vie des peuples libres. Société éminemment de transi-
tion, de compromis : or, ce n'est point avec des compromis,
des expédients au jour le jour qu'on fonde un nouvel ordre
de choses.

Nous voulons établir la République. C'est notre droit, je

dirai même c'est notre devoir ; car, quand les peuples apprécient les bienfaits de la liberté, ils se doivent à eux-mêmes de la revendiquer dans toutes les transactions de la vie sociale. Nous croyons à la République non pas seulement comme à une forme de gouvernement qui peut marcher de pair avec les monarchies ou les aristocraties, mais comme à un principe politique d'une moralité supérieure, seul capable d'assurer le règne de la justice et du droit. C'est encore là un heureux présage de régénération. Les sociétés ne sauraient se passer d'une croyance, et, quand la foi religieuse décline, il importe qu'elle fasse place à une foi morale ou politique, à un idéal humanitaire qui développe chez les individus l'esprit de désintéressement et de sacrifice.

Mais, il ne suffit pas d'avoir un *credo* politique, il faut le pratiquer. En politique, plus que partout ailleurs, la foi sans les œuvres est une foi morte; l'amour platonique de la liberté, sans les mœurs et les pratiques de la liberté, une chimère qui n'a pas de lendemain. Conservons le mot de République, car les mots ne sont pas sans influence sur les habitudes de l'esprit; mais attachons nous plutôt à la chose qu'au mot, aux institutions organiques qu'aux formules extérieures du gouvernement. Supprimons la prérogative monarchique : car, quoi qu'on dise, elle demeure toujours le principal obstacle au véritable ordre social par l'harmonie des libertés individuelles, mais ne croyons pas avoir tout fait quand nous aurons changé l'enseigne de l'édifice et transporté le despotisme de la monarchie dans la République unitaire et centralisée.

Nos conceptions politiques ont suivi jusqu'à ce jour un développement naturel : elles ont évolué de la monarchie absolue à la monarchie constitutionnelle et à la République unitaire qui en est la forme la plus voisine et se confond presque avec elle. Il est temps aujourd'hui de diriger notre attention vers un principe de gouvernement plus compliqué peut-être, plus difficile à comprendre et à pratiquer, mais aussi plus parfait, plus adéquat au droit et à la liberté. Cette étude aurait manqué son but si elle n'avait tenté de mettre en relief les avantages à la fois théoriques et pratiques de l'État républicain fédératif, et d'ouvrir un nouvel horizon aux libres recherches des penseurs et des hommes d'État.

Il serait à jamais regrettable que les événements contemporains vinssent jeter le discrédit sur des principes qui n'ont rien à souffrir des actes criminels commis en leur nom. Bien souvent dans les scories qu'entraîne à sa suite le flot des révolutions, il se trouve des idées justes et vraies, des principes féconds, que la science doit savoir dégager et purifier de l'alliage, pour ne laisser paraître que le métal pur.

La révolution du 18 mars procède de causes trop complexes pour en attribuer l'origine à un principe bien nettement défini ; mais on ne saurait nier que le prétexte, qu'invoquaient les initiateurs du mouvement, ne répondît à un besoin urgent de la situation, à une lacune dans notre organisation politique sentie et comprise par les partis les plus opposés.

La revendication des franchises municipales, l'émancipation de la commune, la décentralisation sont autant d'idées connexes, de faits positifs qui s'imposent aujourd'hui à tous les esprits libéraux et patriotiques. Il a fallu une horrible crise nationale pour mettre en lumière le vide et l'impuissance de notre unitarisme centralisateur ; mais maintenant que la brèche est ouverte, ayons le courage de saper toutes les parties de l'édifice qui ne s'harmonisent plus avec les exigences de la société moderne. Si le mot de fédération nous effraye trop et représente un ordre d'idées supérieur au niveau de notre éducation politique, tenons nous en au terme plus vulgaire, plus accessible, d'association. Oui, l'association, la solidarité des individus et des groupes, tout l'avenir est là, dans l'ordre politique comme dans l'ordre économique.

De même que le capital et le travail aspirent à se solidariser, non pas seulement pour obtenir une répartition plus équitable des bénéfices et du revenu social, mais pour imprimer par l'emploi de la force collective une vitalité plus intense à la production, de même les individus et les groupes politiques cherchent dans l'union, dans la fédération, un équilibre plus stable, une harmonie plus naturelle des libertés individuelles, en même temps qu'un surcroît de développement de la vie publique.

Jusqu'ici les sociétés modernes se sont surtout préoccupées d'assurer la liberté individuelle, le droit de la personne humaine sur elle même et sur les produits de son activité ; mais elles n'ont encore accompli que la première partie de leur tâche. Il s'agit maintenant de développer l'esprit d'association, de seconder le concours de ces volontés libres et émancipées, de ces individus autonomes, et de faire que la mise en commun des libertés de chacun, devienne une garantie et un accroissement des libertés de tous. Nous sommes encore et peut être pour longtemps dans l'âge de l'individualisme ; car l'autonomie de l'individu, le *self government* constitue le premier terme de l'évolution démocratique, et il faudra bien des générations pour triompher des préjugés, des routines hostiles à la réalisation de ce principe. Avant de s'associer avec autrui il est indispensable de s'appartenir ; mais l'individualisme n'a d'autre fin que de hâter l'ère de l'association et du socialisme libéral.

Par socialisme, nous n'entendons point le retour aux errements de la politique antique, à l'omnipotence de la loi et de la cité sur l'individu, aux systèmes de justice distributive par l'État, mais l'avènement de la justice commutative, des contrats solidaires et réciproques librement consentis entre les membres d'un ou de plusieurs groupes politiques ou économiques. La liberté dans l'association, l'autonomie dans la mutualité, l'individualisme dans le socialisme, tel est le terme définitif du progrès démocratique, la solution rationnelle et pratique du problème politique et social.

A la seconde moitié du XIXme siècle, incombe la tâche de préparer cette solution ; Or, il n'y a qu'un principe corrélatif *adequat* à cette solution, le principe fédératif qui con-

ciliie la liberté de la personne humaine, l'autonomie de
l'individu avec les garanties nées de l'association volontaire,
du groupement naturel et spontané des citoyens. Si la
France veut respecter sa tradition historique et compléter
sur ce point les enseignements des grands propagandistes
du droit individuel au XVIIIme siècle, les Locke, les Turgot, les Condorcet, elle doit travailler à la réalisation pro
gressive, non de la République une et indivisible, mais de
la République fédérative, fondée sur l'indépendance de
tous les groupes échelonnés de la base au sommet de la
pyramide, de l'individu à l'État.

Ce n'est point là du reste l'œuvre particulière de la France, mais de l'Europe, mais du genre humain. La République universelle, utopie d'aujourd'ui, réalité probable de
demain ne s'établira pas sur le principe unitaire et centra-
isateur qui ne ferait que nous rejeter dans la monarchie
ou l'empire universel, mais sous la forme d'un ensemble
d'États unis par un pacte fédératif, d'une confédération de
fédérations. Nos neveux verront alors les États-Unis de
Prusse, d'Allemagne, d'Italie, de Suisse, se constituer en
États-Unis d'Europe, et le droit international, subissant une
modification analogue à celle du droit politique, substituer
le contrat juridique et positif de fédération aux usages
empiriques et surannés de la diplomatie. Kant posait déjà
les fondements de cet idéal, par ces deux articles de son
traité de paix perpétuelle : 1° La constitution civile de
chaque État doit être républicaine 2° Il faut que le droit
des gens se fonde sur une fédération d'États libres.

La question n'a pas changé de face et désormais l'Europe n'a que le choix entre cette alternative : ou elle continuera de s'épuiser en égorgements périodiques, en luttes fratricides de peuple à peuple et de citoyen à citoyen, ou elle fondera la grande démocratie du travail et de la liberté. Le plus sûr acheminement vers cet idéal consiste à rendre d'abord les individus comme les peuples maîtres d'eux mêmes, et à leur assurer cette indépendance par un pacte de garantie mutuelle. Nous ne savons comment et quand se réalisera cet avenir, à travers que'le série de convulsions violentes ou d'évolutions pacifiques, mais cela se fera parceque celà est écrit, parceque c'est une conséquence fatale de cette nature des choses, de cet ordre du monde qui nous domine tous de son immuable et absolue souveraineté.

FIN